清代宫廷画家
唐岱小传及其美育思想研究

曲宁 ◎ 著

吉林出版集团股份有限公司

图书在版编目（CIP）数据

清代宫廷画家唐岱小传及其美育思想研究 / 曲宁著 .
— 长春 : 吉林出版集团股份有限公司， 2019.6
ISBN 978-7-5581-6937-3

Ⅰ . ①清… Ⅱ . ①曲… Ⅲ . ①唐岱（1673–1752）—
传记 ②唐岱（1673–1752）—美育—思想评论 Ⅳ . ① K825.72
② G40-014

中国版本图书馆CIP数据核字（2019）第110292号

清代宫廷画家唐岱小传及其美育思想研究

著　　者	曲　宁
责任编辑	王　平　李晓艳
责任校对	周　骁
封面设计	朱晓婷
开　　本	710mm × 1000mm　1/16
字　　数	253千字
印　　张	19
版　　次	2019年6月第1版
印　　次	2019年6月第1次印刷
出　　版	吉林出版集团股份有限公司
电　　话	总编办：010-63109269
	发行部：010-85173824
印　　刷	河北盛世彩捷印刷有限公司

ISBN 978-7-5581-6937-3　　定价：45.00 元

序言

中国绘画艺术源远流长，历经千年沧桑，不断开拓创新，形成了无数派别和风格。中国绘画一直与西方绘画并驾齐驱，代表了完全两种不同的艺术风格，体现了东西方文化的不同走向。概括地讲，中国国画艺术之所以受到世界的推崇，是因为其自身所具有的独特价值和历史积淀的结果。

首先，中国绘画一直具有的、最为重要的价值是它的艺术与审美价值。“审美是艺术区别于其他社会事物的根本性质。”[1]如果没有了艺术与审美价值，中国绘画艺术不可能经过几百甚至上千年的洗礼之后还能够流传下来并得到大众的广泛认同。中国绘画注重师承与发展，而这种代代相传的特点，将传统保持了下来，将精神保存了下来。我们不是要一成不变，但变也是有根基的，不是彻底的解构和批判，而是一种升华。

其次，中国绘画的核心是其内在的文化价值。这种文化价值的重要意义源于其内在的文明属性，是几千年中华文明的沉淀和积聚的重要部分，同时具有深厚的人文性与民俗性。诸如人物、山水、花鸟等类别所要传达的传统艺术作品的内容里面涵盖了丰富的人文内涵和人生理想。对中国人而言，作品中的意蕴是特定的，中国人对这些形象的领悟与接受不是任何一样东西可代替的，而其中传达的信息与内容也是文化传承的重要功能，

[1]　（日）成一夫著，亚健译：色彩史话[M]，杭州：浙江人民美术出版社，1990。

这就是传统艺术的文化价值。

时至今日，传统的中国绘画艺术发展模式也存在着自身的一定的局限性，如果想要提升内在的生命力，中国绘画就要立足传统，反思当下。中国的传统文化艺术，经过近代艰难的挣扎，已经表现出了一种自觉和自醒的特点。所谓传统，“传”就是继承，“统”就是根本，就是将民族血性溶于艺术的精神内核。我们要继承传统，因为它是我们的根；我们更要将传统创新发展，这才是中国绘画艺术的出路。本书的主旨就是从中国绘画的根基入手，通过深入探讨清代宫廷画家唐岱的艺术与思想，追寻中国传统绘画艺术的根基所在。

山水画，一直是中国古典绘画的重要题材和重要流派，涌现出来大批名家。中国古代山水画家，浩如烟海。纵观中国古代绘画史，我们实在难以做到对每一个朝代的优秀画家，都可以如数家珍。许多在中国古代绘画史上做出过伟大成就和贡献的画家，由于历史久远，而逐渐被埋没。将他们挖掘出来进行系统的研究是每一个艺术理论工作者应该进行的任务。清朝，作为中国最后一个封建王朝，在中国古代美术史上，写下了不可磨灭的一笔。涌现了一大批著名山水大家、名家，如“清初四王”“四僧”“扬州八怪”等，不胜枚举。清代宫廷绘画，作为一个特殊的绘画领域，从现在存世的绘画作品数量来看，宫廷绘画占有很大的比例，而且早期的作品大都是宫廷画家所画。被皇帝称为“画画人”的宫廷画家，大部分人的生平事迹均无详细的记载，同样对于他们在宫廷中作画的细节也所知甚少。这是因为大部分宫廷画家均为职业画师，自己罕有诗文集传世，也没有别人详细记录他们的生平情形，这与文人画家形成极大的反差，所以，对清代宫廷画师资料的收集和研究，成为一个很值得去挖掘的课题。所谓的清代宫廷画派的产生，是因为清代帝王中虽有几人崇尚绘画，但未开设画院，仅设有内廷供奉之职。许多画家经过皇家选拔，进入宫中任职，专为帝王作画。他们所画的作品多署“臣”字款。一般按照皇帝的意图以及宫廷中的装饰作画，比较著名的有：人物画家——顾贝龙、冷枚、焦秉员、陈枚、丁观鹏、金廷标、华冠、周鲲、沈振麟。花鸟画家——杨大章、邹一桂、蒋廷锡、周安节、余省、张若霭、徐扬、李秉德、阮玉芬、缪嘉惠等。山水画家——唐岱、王敬铭、张宗苍、钱维城、董邦达、陈善、孙祜、袁瑛、方琮、冯宁等。此外还有两个著名的西洋画师，一是郎世宁，西洋教士，意大利人，康熙五十年到北京入职内廷，工翎毛、花卉，尤善画马。二是艾启蒙，工花鸟。他二人的画法是以西法融合中法，刻画入微，形神逼肖，精工细致，技艺高超。因这些人都是在宫廷作画，故称宫廷画派。

本书所探讨的清代宫廷画家唐岱，历经康熙、雍正、乾隆三朝，“深荷两朝知遇”[1]，“……供奉内廷，圣祖品题当时以为第一手，称‘画状元’。历事世宗、高宗……”[2]，自雍正中期（具体时间不详）正式进宫，至乾隆十一年（1746年）离开宫廷，供奉宫廷达数十年，其作品被乾隆皇帝所主持编纂的《石渠宝笈》所收集，据（清）胡敬《国朝院画录》的记载：“唐岱……石渠著录二十有八，内合笔三”[3]，足见其在宫廷画师中的地位之高，作品之妙。唐岱作为“清初四王”之一王原祁的嫡传弟子，师法宋元，以“正统山水画”为根本，由于长期从事宫廷绘画，受到宫廷生活和环境的影响，更突出作品的欣赏性和装饰性，以符合帝王对绘画作品的审美需要。从而，将王原祁的绘画风格进行了创新和演变，形成自己独特的绘画体例与风格，成为娄东画派中比较有创新和开拓的院体画家，体现了“正统山

[1] 见（清）胡敬《国朝院画录》，于安澜：《画史丛书》，上海人民美术出版社1963年10月版，铅印本。《国朝院画录》（上卷）第四章，唐岱。

[2] 见（清）赵尔巽编：《清史稿》中华书局，1977年版。卷五百四，列传二百九十一：艺术三。
又见（清）陈烺：《读画辑略》，商务印书馆，民国四年，1915年版；商务印书馆，民国六年，1917年版，铅印本，再版。

[3] 见（清）胡敬《国朝院画录》，于安澜：《画史丛书》，上海人民美术出版社1963年10月版，铅印本。《国朝院画录》（上卷）第四章，唐岱。

水画”的新面貌和新风格。本书作为清宫廷画师唐岱的小传，主要从以下几个方面来探索其人生经历、艺术造诣及其美育思想：

一、清代宫廷绘画及画师唐岱的相关考据

宫廷绘画长期以来是作为宫廷皇家赏玩而存在的一种艺术形式，出于宫廷生活环境和帝王喜好的特殊性原因，宫廷绘画带有一定的功用性和装饰性特点，非纯粹的文人画，因而成为独特的绘画派别。而宫廷画作，由于藏于宫廷之中，流传于民间的极其稀少，只有在皇家编定的档案、画录、典籍以及一些画史资料中有记载。而画师由于供职内廷，很多资料不为外人知晓，而史料中也很少记载，这就增加了考证的难度。

本书主旨在对史料的整理过程中，发现关于唐岱生平的线索，从而力求全面和立体地了解唐岱的生平；通过对《石渠宝笈》《钦定石渠宝笈续编》《钦定石渠宝笈三编》《国朝院画录》《国朝画征录》《乐善堂全集》《八旗画录》等古籍的查阅和整理，系统地对唐岱作品进行归类和分析，从中找到唐岱绘画的发展脉络；在前两项研究的基础上，进行对唐岱画论著作《绘事发微》进行分析和理解，找到唐岱绘画理论的独到之处，从而全面地展现这位杰出宫廷画家的形象。同时对于唐岱的研究也有助于把握清代宫廷绘画的整体特点有更全面的理解。

二、唐岱作品的整理和编年

关于唐岱的研究当中，各种学者不同程度地对画家唐岱之生平、作品、画技、画风、流派、地位、画论及影响等方面有一些论述和著作，但系统地研究唐岱，并收集其作品的著作十分有限。目前，比较全面介绍唐岱的文章包括：聂崇正先生撰有《清代宫廷画家唐岱和张雨森》，王洪源先生撰有《满族宫廷画家唐岱》等。这些文章中，以清代宫廷画家群体为研究对象，进而研究唐岱在这一画家群体中的地位及其艺术成长过程。此外，在

期刊文章当中包含唐岱相关的研究成果主要有：聂崇正先生的《清代宫廷画家杂谈》《清代宫廷画家续谈》等；专门就唐岱某幅作品进行研究的成果有：张金栋与高朝英所著的《唐岱〈夏日山居图〉》、马季戈先生的《清·唐岱〈刘长卿诗意图〉》等；在学术论文中有关于唐岱论述的有：中央民族大学冉琰的硕士学位论文《清前期宫廷绘画机构及画家》、中央美术学人文学院巩剑的硕士学位论文《清代宫廷画家丁观鹏的仿古绘画及其原因》等；在著作中，一些史料中涉及唐岱绘画活动及年表的有鞠德源先生等所编《清宫廷画家郎世宁年谱》等。还有许多与唐岱艺术活动和作品有关的著作，这里不能一一收录。但可以看出，系统地对唐岱进行专门研究的著作还并不是很多。本书的初衷就是在前人的基础上，系统、全面地探讨唐岱的生平，梳理唐岱的作品，研究唐岱的美术理论和美育思想，形成关于宫廷画家唐岱的小传，为以后研究清代宫廷绘画和中国古代艺术教育思想提供一定的参考。

三、分析《绘事发微》所蕴含的美育思想

通过找到唐岱的基本生平资料，收录古籍中关于唐岱作品并整理，分析唐岱《绘事发微》所述画论的学术价值和影响，完成本书要解决的三大问题并揭示唐岱绘画及思想研究的价值所在。我们将由唐岱的身份、背景、职业生涯发展等基本资料入手进行调查，结合《清档》和《钦定满洲八旗通志》《石渠宝笈》《国朝画征录》等古籍资料的内容记载，将唐岱的生平和作品，进行梳理。同时，将唐岱所著述的《绘事发微》进行考证和分析，得出唐岱作为宫廷“正统山水画”代表地位的意义。同时，分析、思考唐岱作为清代宫廷绘画的集大成者，其艺术理念和美育思想的根源，研究其对后世美术教育的深刻影响。

目录

一

唐岱的身世与宫廷画家生平

（一）唐岱生平事略

清代，从康熙至乾隆年间（1661—1795年），历经三朝盛世，经济繁荣、政治清明，历史上称为“康乾盛世”。在这样的背景下，绘画艺术得到了极大发展，达到了清代绘画艺术的鼎盛时期。从而，形成了北京和扬州，一南一北两个艺术与文化的中心。清代皇室在此基础上，大力推行汉地文化，吸收了大量文人画家和绘画巧匠为其服务，以满足对文化和艺术的需求。这样，就促成了清代宫廷绘画的迅速发展，形成了清代独特的艺术群体——宫廷画家[1]。唐岱，可以说是众多宫廷画师中的佼佼者。

唐岱，字毓东，号静岩，别号默庄，又号知生[2]。关于唐岱身世的资料，正史和画史资料中的记载十分有限，而且大多雷同。据《清史稿》记载：“唐岱，字毓东，满洲人。康熙中，以荫官参领。从王原祁学画，丘壑似原祁。供奉内廷，圣祖品题当时以为第一手，称‘画状元’。历事世宗、高宗。高宗在潜邸，即喜其画，数有题咏，后益被宠遇。唐岱专工山水，以宋人为宗。少时名动公卿。直内廷久，笔法益进，人间传播者转稀。

[1] 这里的“宫廷画家”根据《内务府造办处各作成做活计清档》（以下简称《清档》）记载，指包括供奉画家、画画人、画画柏唐阿、画匠、画样人、学画柏唐阿等在内的所有专职宫廷画师。

[2] 唐岱的字、号，参考自（清）张庚《国朝画征录》下卷五十一、《国朝画徵录续录》上卷第九十七、（清）胡敬《国朝院画录》、（清）秦祖永《桐阴论画》、（清）姜宁《国朝画传编韵》、佚名《熙朝名画录》等文献记载。

著绘事发微行世……”[1]另据（清）李放《八旗画录》云：“唐岱，字毓东，号静岩，一号默庄，满洲正白旗人，由荫生官至内务府总管（一作参领）……”[2]从这两则记载中，我们仅仅可以知道，唐岱是满洲人，旗人，靠祖先的功勋，承袭世爵，得到官职，做到了参领和内务府总管的官职。至于唐岱的确切生卒年月，身世背景如何？查阅了《清档》《中国第一历史档案馆馆藏清代官员履历全编》《内务府全宗》《历代职官表》卷一《吏部》、卷四《内务府》，没有任何详细、明确的记载。因此，对于唐岱身世和生平的调查可以从以下几个问题进行：

问题一：唐岱的籍贯

唐岱的籍贯，根据画史，如《国朝院画录》《八旗画录》《国朝画征录》《国朝画征续录》《国朝画史》《国朝画传编韵》等的记载，均有“唐岱，满洲人”的字样，所以，唐岱是满洲人的事实可以肯定。在唐岱所著《绘事发微》卷首，给了我们明确的提示：其好友陈鹏年[3]为之所作的序中指出：“……唐子静岩，长白功臣裔也……”[4]另据一同供奉宫廷并与唐岱合作过

[1] 见（清）赵尔巽编：《清史稿》中华书局，1977年版。卷五百四，列传二百九十一：艺术三。

[2] （清）李放：《八旗画录》，杨寿枬：《云在山房丛书》，民国17年（1928年），铅印本。

[3] 陈鹏年（1663—1723年），字北溟，别字沧州，谥恪勤，清湘潭人，康熙进士，授知县，擢江宁、苏州知府，官至河道总督，以清廉著，工诗书尤擅行草。著《道荣堂文集》《历仕政略》《河工条约》。——引自尚恒元、孙安邦编《中国人名异称大辞典》，山西人民出版社，2002年10月版；（资料出自《清史稿》第二百七十七卷，《清史列传》第十三卷，《国朝耆献类征》第一百六十四卷。）

[4] 见（清）唐岱：《绘事发微》陈序，王伯敏、任道斌：《画学集成》（明清卷），河北美术出版社，2002年版。

的著名画师沈宗敬[1]在其《绘事发微》所作之序中，也有谈及："……长白唐静岩先生，与余夙称同嗜，每一命笔，辄具体古人笔意，又时时有古人不见我之恨……"[2]显而易见，按照陈鹏年和沈宗敬的说法，唐岱祖籍应该是吉林长白山附近地区，清代属于吉林府[3]，从地理来说，属于大清发源地的满洲境内。而且，陈鹏年是唐岱的至交，沈宗敬也阅读过唐岱的家谱，"……曩从先生阅唐氏家乘，其先赠光禄公……"[4]其二人的说法应该是十分可信的。这样为唐岱的背景身世、入宫之前的情况调查，提供了一条线索。我专门到北京图书馆地方家谱阅览室，查询了（清）张凤台等，于宣统年间修编的《长白汇征录》《吉林府县志》等资料，并没有关于唐岱其人的文献记载。所以，关于唐岱籍贯的问题，只能确定为他是满洲吉林府长白山地区。由于清代，宫廷画师的资料归内务府直接管辖，而宫廷画师当时出于生计，入宫为皇家服务，其地位远不如文人画家那样备受推崇，所以，很多画师的详细资料没有在正史和宫廷档案中留下，再加上历经战乱，

---

[1] 沈宗敬：（清）（1669—1735年）（《国朝画徵录》作雍正三年（1725年）卒，《清朝书画家笔录》从之。）字南季，又字恪庭，号狮峯，亦作狮峯道人，又号卧虚山人，华亭（今松江属上海市）人。康熙二十七年（1688年）进士，仕至太仆寺卿，提督四译馆。荃子（沈荃，文恪公之子）。精音律，善吹箫、鼓琴，工诗、书。画传家学，山水师倪、黄，兼用巨然法。笔力古健，思致高远，水墨居多，青绿亦偶为之。小景小幅尤佳。圣祖南巡献画称旨，赐题"清风兰雪"额。又进琴辨、画品二说，赐"烟岚高旷"额。一时荣之。雍正三年，卒于官，卒年六十七。——引自于玉安编：《中国历代画史汇编》，天津古籍出版社，1997年版，影印本。（资料出自《国朝画徵录》、《清代清画家诗史》（甲戌九月）、《桐阴论画》等）

[2] 见（清）唐岱：《绘事发微》沈序，王伯敏、任道斌：《画学集成》（明清卷），河北美术出版社2002年版。

[3] 长白：见《长白汇征录》，（清）张凤台等修（清）宣统年间，参见《中国地方志集成》，《吉林府县志辑》凤凰出版社，2006年版。

[4] 见（清）唐岱：《绘事发微》沈序，王伯敏、任道斌：《画学集成》（明清卷），河北美术出版社，2002年版。

史料丢失严重，更增加了资料收集的难度，所以，唐岱的籍贯和出生地，缺乏史料的有力佐证，不能确定他的具体出生地点，只能确定他的祖籍在满洲吉林府长白山地区。

问题二：唐岱的血统

关于唐岱的血统问题，有三种可能的推测：第一种可能，属于正统满洲人血统；第二种可能，就是属于汉人后裔；第三种可能，属于清朝皇族的“包衣”[1]身份。

首先，假定唐岱是正统满洲人血统。满族人入关后，由于要融合汉族文化，会出现将满族姓氏以汉文来改写和称呼的现象。根据《钦定八旗通志》记载：“吉林他塔喇氏（满语），汉译‘唐’姓，凡出十六派——一出札木库，一出安褚拉库，一出讷殷江，一出瓦尔喀，一出宁古塔，一出长白山，一出马察，一出扎克丹，一出沾河，一出乌喇，一出乌苏，一出伊兰木，一出海州，一出萨尔湖，一出十方寺，一出吉林乌拉。”[2]按照这种说法，则可以印证唐岱的祖籍确实应该是吉林府长白山地区。可是，查阅《吉林他塔喇氏家谱》[3]，并无唐岱此人的记录。到目前为止，我还没找到有确凿证据来说明唐岱是正统满洲人血统的相关历史资料。

其次，假定唐岱属于汉人后裔的话，按照《钦定八旗通志》的说法，

---

[1] 包衣：booi，是“包衣人”booi niyalma、booi aha的简称，意思为皇帝家奴（家奴即满语的“包衣”）乾隆时期，皇帝家奴包括内务府三旗（即镶黄旗、正黄旗、正白旗）的十五个包衣佐领、十八个旗鼓佐领、二个朝鲜佐领、一个回子佐领和三十个内管领的包衣人。见祁美琴：《清代内务府》，中国人民大学出版社，1998年版，第56页。

[2] 见李洵等主校：《钦定八旗通志》（清乾隆年间，和珅主编）吉林文史出版社，2002年版。第1033页，卷五十五，氏族志二，八旗满洲谱系一。

[3] （清）魁陞纂修《吉林他塔喇氏家谱》清宣统三年[1911][古籍]，石印本，中国国家图书馆地方志家谱馆藏。

八旗汉军“唐氏凡出二派：一出沈阳，一出抚顺”[1]。沈阳和抚顺都在辽东，当时不属吉林府管辖，与陈鹏年、沈宗敬的长白功臣裔的说法相矛盾。聂崇正先生在《清代宫廷画家续谈》中的观点“画史说唐岱为‘满洲正蓝旗人’，但从其祖先‘有择主之明’句，以及他本人多结交‘东南之士’，作画著书。谙熟汉族文化艺术来看，可能属于入关前就归顺满洲的汉人后代。”[2]这一说法，不无道理。因为依据唐岱《绘事发微》沈宗敬序所载，“曩从先生阅唐氏家乘，其先赠光禄公，从戎辽左，有择主之明，有先登之勇，有死事之烈，先朝特授世爵，子孙罔替，典至渥也。光禄公丁逆藩之变，出师汉中，力守危城，百二山河，所恃以安堵无恐者，皆公力也”，给了我们很多可用的信息。

沈宗敬阅读过唐岱的家谱，其语可信。沈宗敬这段话的意思，即唐岱的先祖（应该是祖父）选择对了主公，十分明智，跟随清太祖、清太宗从征辽东，为清朝开国立下了汗马功劳，并且付出了战死沙场的代价。由于唐岱祖先的战功，其先祖被授予“光禄公”的称号，子孙世袭，被确立下来恩泽后世。光禄公历经了清初乱军叛乱（疑为李自成农民起义），出师陕西汉中，力保危城，以其战功保住了大清江山，战功显赫。由这一段记载，我们可以知道唐岱祖先原先不属于清太祖努尔哈赤部下，疑似归顺于入关前的清军。后来，随太祖太宗南征，屡立战功，得到封爵，并且经历了镇压叛军的战乱。因此，其祖先很有可能是明末从中原归顺于清军的汉人，由于战功显赫，使后代得到福荫，从而忽略了其血统，自视纯正满洲人，所以，这种说法有一定的道理，但缺乏史料佐证。

再次，假定唐岱属于清朝皇族的“包衣”身份。“包衣（booi）是家仆的满语音译，八旗制度产生时，包衣作为八旗成员的一部分而被编入包

[1]　见李洵等主校：《钦定八旗通志》（清乾隆年间，和珅主编）吉林文史出版社，2002年版。第1095～1102页，氏族志八，八旗汉军谱系。

[2]　聂崇正：《清代宫廷画家续谈》，《故宫博物院院刊》1987年第4期，第73页。

衣牛录。随着满族社会的发展和大清国封建君主制的确立，皇属包衣牛录的职责和地位也发生了变化，向具有宫廷服务性质的内务府转化，成为内务府的主要成员，这就是内务府包衣。”[1]根据《绘事发微》陈鹏年序所述，“唐子静岩，长白功臣裔也，世其爵，任骁骑参领。”《国朝画识》记载，“唐岱，字静岩，满洲人，内务府总管……”[2]；《国朝画征录》记载，“王原祁传……弟子华鲲、金明吉、唐岱、王敬明、黄鼎……岱字毓东，号静岩，满洲人，以荫官参领……”[3]；《国朝画征录续录》记载，“唐岱字静岩。满洲人。内务府总管……”[4]；《八旗画录》记载，“唐岱，字毓东，号静岩，一号默庄，满洲正白旗人，由荫生官至内务府总管（一作参领）……”[5]以上记载结合《清史稿》记载，都说明唐岱由于祖先功绩，于康熙中期，承袭世爵，任骁骑参领，而且达到了内务府总管的职位。

祁美琴先生所著《清代内务府》一书第三章“清初内务府及其与十三衙门的关系”第五节、内务府包衣的分类及其旗下组织，（一）包衣的分类，写道：

“清代内务府包衣成员从来源和管理系统上区分，可以划分为三大类：（1）佐领下人，（2）管领下人，（3）庄头人。关于此三类人在来源上的区别，据福格言：‘内务府三旗分佐领、管领。其管领下是我朝发祥之初家臣；佐领下人是当时所置兵弁……庄头旗人或国初带地投充、或由兵丁拨充屯

[1] 祁美琴：《清代内务府包衣对清代文化的贡献》，《内蒙古社会科学》1997年，03期，第55页。

[2] 选自卢辅圣主编：《中国书画全书》，上海书画出版社，1994年10月版。第十册，第631页，上，22行。

[3] 选自卢辅圣主编：《中国书画全书》，上海书画出版社，1994年10月版。第十册，第440页，下，16行。

[4] 选自卢辅圣主编：《中国书画全书》，上海书画出版社，1994年10月版。第八册，第893页，下，23行。

[5]（清）李放：《八旗画录》，杨寿枏：《云在山房丛书》，民国17年（1928年），铅印本。

田，今皆归内务府会计司管辖。不列于佐领、管领之内……从民族成分上看，庄头旗人的组成者几都为汉人；佐领下人包括：满洲人、汉人、朝鲜人和维吾尔人；管领下人包括：满洲人、蒙古人、汉人、朝鲜人。”[1]

在第四章“清朝内务府机构的确立与完善”中写道：

“内三旗参领处 是内务府三旗包衣的民政机构……康熙十六年（1677年）定每旗编为五参领，设骁骑、护军参领，由骁骑参领兼理旗务……内三旗包衣营，由内三旗包衣骁骑营、护军营、前锋营组成，是内务府三旗包衣的军事组织……内三旗包衣骁骑营，设骁骑参领、副参领各十五人，有披甲人五千三百多人，主要负责紫禁城内武英殿等三十一处的值宿和守卫。”[2]

“清代官制，铨选职官，首先把各种官职定位‘缺’。无论正印、佐贰或杂职，均列为‘员缺’……内务府包衣缺根据补授方式不同，又可分为公缺、题缺、占缺、兼缺、调缺、差缺、间补缺、特简缺、直年缺、世袭缺……”[3]

我们知道内务府是管理宫廷内部事务，直接负责皇帝生活的部门，其长官称内务府总管大臣（满语称之为“包衣按班”booi amban或“包衣达”booi da）[4]按照唐岱世袭的身世，任职骁骑参领，并且“……既壮，念先世从龙御侮，受恩深重，思及时有所建白。迨两试不售，身膺武职，

[1] 祁美琴：《清代内务府》，中国人民大学出版社，1998年版，第71页。

[2] 祁美琴：《清代内务府》，中国人民大学出版社，1998年版，第95、96页。

[3] 祁美琴：《清代内务府》，中国人民大学出版社，1998年版，第110页。

[4] 《大清会典》记，“国初设内务府，顺治十一年，改设十三衙门，曰司礼监、尚方监、尚衣监、司设监、尚宝监、御用监、御马监、内官监、尚膳监、惜薪司、钟鼓司、兵仗局、织染局。十八年，裁十三衙门，仍设内务府，以总管大臣管理诸务。”“内务府所属有：广储司、会计司、掌仪司、都虞司、慎刑司、营造司、织染局、又置武各院、上驯院。康熙二十三年，增设奉宸院、庆丰司。”见康熙朝《大清会典》卷一四九，（台北）文海出版社1993年版，影印本。

从军塞外，万里奔驰，而未获报称”[1]，说明唐岱有从军，身居武职的经历。再联系到他于雍正中期到宫廷供职，累官至内务府总管的经历，他符合内三旗（镶黄、正黄、正白）包衣在宫中供职的条件。但也不能就此断定唐岱是包衣身份，因为祁美琴先生在《清代内务府》第九章又讲道：

“另据《清代中央国家机关概述》的记述：‘总管内务府大臣……为正二品官，无定额，由满洲侍卫、本府郎中、上驷院、武备院、奉宸院卿中升补或根据需要由王公、领侍卫内大臣、满尚书、侍郎中特简。’……据此我们可以得出两个结论：一是内务府大臣没有定额，或者说不受额缺的限制，也不受内务府包衣缺的限制；二是内务府大臣的来源，可以是包衣人，如本府郎中等，可以是宗室王公，也可以是满洲旗人，如侍卫、侍郎等。”[2]

因此，对于唐岱的血统需要进一步的史料调查，才能加以定论。

问题三：唐岱的生卒年

唐岱生于何年？故宫博物院研究员聂崇正先生经过多年研究，指出唐岱的确切出生日期是康熙十二年（1673年）。李丕宇编《东西方美术史大事编年》也记载：“清康熙十二年，1673年，癸丑，平西王起兵叛清，唐岱生。”[3]此外，从其作品上也可以得到印证：画于乾隆丙寅（1746年）的《晴岚浮翠图》图轴（见附录三48，附图48），题款写道：“晴岚浮翠岛，积雨暗深村，寂寂无车马，溪流自到门。乾隆丙寅夏日，拟九十老人大痴笔法写此，诗意亦似题画，亦似补图。恭进敬斋主人殿下，唐岱敬画，时年七十有四。”可以推算，唐岱的生年为康熙十二年。《艺林月刊》1935年第66期刊登唐岱《青山白云图》（见附录三54，附图54），附说明“静岩山

---

[1] 见《绘事发微》唐岱自序。

[2] 祁美琴：《清代内务府》，中国人民大学出版社，1998年版，第248页。

[3] 李丕宇编：《东西方美术史大事编年》，山东美术出版社，2006年11月第1版，第336页。

水，屡登本刊，此其八十岁作，而静密如此，足为寿征”[1]；《娄东画派》一书进一步佐证了此画的记载“乾隆十七年壬申一七五二年，唐岱作《青山白云图》，时年八十”[2]。由此可知，唐岱的确切生年是1673年，即康熙十二年，但是并不知道他的生日。那么，下面的档案有十分明确的记载。清内务府造办处的《各作成做活计清档》载：乾隆六年十二月二十八日，“司库白世秀来说：太监张明交‘古稀人瑞’匾本文二张，上用缎四匹，龙油洎如意一柄。传旨：着怡亲王、内大臣海望俟正月十五日唐岱生日派员赏给。钦此。于乾隆七年正月十五日，司库关福盛将龙油拍如意一柄、本文一张、上用缎四匹持去赏唐岱讫。”[3]这则档案，包含很多有用信息。

乾隆七年为1742年，正好是唐岱虚龄70岁，时间上完全吻合，而且可知唐岱的生日是阴历正月十五；此外，乾隆皇帝在唐岱生日前，已经安排好了赏赐的东西，并传有口谕要太监在唐岱生日那天“派员赏给”；赏赐的物品中有乾隆皇帝题写的“古稀人瑞”四字匾，还有平常只供皇帝专用的“上用缎”四匹、龙油柏如意一柄，这些都是规格相当高的赏赐品，可见，乾隆皇帝对于唐岱的欣赏和重视。[4]

唐岱的卒年，只知道这幅青山白云图是他最后一幅作品，不久后即辞世。因此，卒年约在乾隆十七年以后，确切不详。

问题四：关于唐岱的旗籍问题

目前所能查到的有两种说法：一说满洲正蓝旗；一说满洲正白旗。根

[1] （清）唐岱《青山白云图》（图）：《艺林月刊》，北平 徐志坚发行，1935年第66期。

[2] 萧平、万粲著：《娄东画派》，吉林美术出版社，2002年版。

[3] 《内务府各作成做活计清档》（以下简称《清档》）“记事录”乾隆六年十二月档。

[4] 此处观点，参考聂崇正：《清代宫廷画家唐岱和张雨森》，《故宫博物院院刊》2003年第4期第10页。

据故宫博物院研究员聂崇正先生所著《清代宫廷画家唐岱和张雨森》[1]和《清代宫廷画家续谈》[2]关于唐岱旗籍的观点，以及王洪源先生在《满族宫廷画家唐岱》中的说法，唐岱的旗籍是“满洲正蓝旗人，旧系红兰主人宗室蕴端属下”[3]，依据的是（清）佚名《读画辑略》的记载；而据清代李放的《八旗画录》记载，“唐岱，字毓东，号静岩，一号默庄，满洲正白旗人……”两者有所出入。我查阅《文渊阁本四库全书》，想找到一些线索。在《钦定八旗通志》卷二十一，找到了一则记录，摘录如下：

钦定四库全书钦定八旗通志卷二十一　旗分志二十一　八旗佐领二十一　正蓝旗蒙古佐领　镶蓝旗蒙古佐领

正蓝旗蒙古佐领

正蓝旗蒙古都统，所属左右参领各一，右参领下佐领十五，左参领下佐领十五，右领第一佐领原系天聪年间编立之牛录，初令海赖管理……左参领第十三佐领，原系第三佐领内丁壮，于拜海管佐领时人丁滋盛，分编一佐领，以赛音达礼管理，赛音达礼故以库器尔管理，库器尔故以鄂尔多斯阿弼达管理，阿弼达故以托克推管理，托克推故以达答拉管理，达答拉故以备通管理，备通故以额尔吉图管理，额尔吉图故以索诺穆管理，索诺穆故以罗窘管理，罗窘因人不及革退以三扎布管理，三扎布告病以常禄升管理，常禄升升任以玛尔干管理，玛尔干告病以达春管理，续以準卜管理，续以骑都尉唐岱管理。[4]

---

[1] 《故宫博物院院刊》2003年第4期，第69页。

[2] 《故宫博物院院刊》1987年第4期，第72页。

[3] 见（清）陈烺：《读画辑略》，商务印书馆，民国四年，1915年版；商务印书馆，民国六年，1917年版，铅印本，再版。

[4] 《文渊阁本四库全书》所查内容，参考李洵等主校：《钦定八旗通志》，吉林文史出版社，2002年版。

根据“乾隆元年十二月初五日，骑都尉唐岱、西洋人郎世宁来说，太监毛团传旨，着挑小苏拉几名与唐岱、郎世宁学制颜料”[1]记载，唐岱官至骑都尉，与《钦定八旗通志》卷二十一记载吻合。如果按照这则记录，那么，唐岱应属于蒙古正蓝旗，但这与唐岱是满洲人的结论和史料记载矛盾。

另据《钦定八旗通志》卷一百八十八记录：

钦定四库全书　钦定八旗通志　卷一百八十八　人物志六十八　大臣传五十四　蒙古正蓝旗

唐喀禄　唐喀禄，蒙古正蓝旗人，姓他塔拉，雍正十三年由笔帖式，授理藩院堂主事，乾隆六年迁员外，十九年七月赏给副都统衔赴北路军营管理新降辉特台吉阿睦尔纳班珠尔等游牧……参赞大臣阿桂以闻谕曰：唐喀禄虽一时被诱遇害，尚能奋勇捐躯，深可悯恻，着交部照阵亡副都统例，议恤。侍卫富锡尔、穆伦保佛尔庆额等亦着交部议恤，俱给世职。寻命入祀昭忠祠，给骑都尉世职，子唐岱袭。富锡尔佛尔庆额满洲镶黄旗人，穆伦保满洲正白旗人，均入祀昭忠祠其子袭云骑尉。[2]

根据这则记载，唐喀禄蒙古正蓝旗人，如果他是唐岱的父亲，那么，根据材料里的时间，他在雍正十三年，授理藩院堂主事，乾隆六年迁员外，十九年七月赏给副都统衔。而比较明确的是，乾隆十七年，唐岱已经八十岁，不久辞世，所以，此时，唐岱之父早已过世，因此，这两则史料记载的唐岱，不是宫廷画师唐岱，而另有其人。至于唐岱到底旗籍如何，需要进一步挖掘史料，来加以确定。

[1]　《内务府各作成做活计清档》（以下简称《清档》）“记事录”乾隆元年十二月初五日档。苏拉，满语称为“闲散人”。

[2]　《文渊阁本四库全书》所查内容，参考李洵等主校：《钦定八旗通志》，吉林文史出版社，2002年版。

（二）唐岱的“正统”师承关系

关于唐岱的师承，可以用两句话来概括：师王原祁，仿古宋元。《清史稿•唐岱传》明确记载：“唐岱，字毓东，满洲人。康熙中，以荫官参领。从王原祁学画，丘壑似原祁。供奉内廷，圣祖品题当时以为第一手，称‘画状元’。历事世宗、高宗。高宗在潜邸，即喜其画，数有题咏，后益被宠遇。唐岱专工山水，以宋人为宗。少时名动公卿。直内廷久，笔法益进，人间传播者转稀。著绘事发微行世。”[1]；另据张庚《国朝画征录》记载：“王原祁弟子：华鲲、金明吉、唐岱、王敬铭、黄鼎、赵晓、温仪、曹培源；甥：李为宪；族弟：昱……”唐岱可以说是王原祁的嫡传弟子。王原祁所创立的娄东画派，弟子众多，而入室弟子中比较有成就的就包括了唐岱。这里就必须先介绍一下他的老师，王原祁和他所在的娄东画派。

在清初画坛，有“四王”之说，指王时敏、王鉴、王翚、王原祁四位大家。“四王”与吴历、恽寿平二人在清初合称为画坛“六大家”，其中，“四王”的擅长、崇尚、画风相近，形成“四王”画派，占据了画坛的正统地位。吴历也以山水闻名，恽寿平则以花鸟见长，在他们各自的影响下，都形成了不同的派别。

[1] 见（清）赵尔巽编：《清史稿》中华书局，1977年版。卷五百四，列传二百九十一：艺术三。

《清史稿》记载：

王时敏，字逊之，号烟客，江南太仓人，明大学士锡爵[1]孙。以荫官至太常寺少卿。时敏系出高门，文采早著。鼎革后，家居不出，奖掖后进，名德为时所重。明季画学，董其昌有开继之功，时敏少时亲炙，得其真传。锡爵晚而抱孙，弥钟爱，居之别业，广收名迹，悉穷秘奥。於黄公望墨法，尤有深契，暮年益臻神化。爱才若渴，四方工画者踵接于门，得其指授，无不知名于时，为一代画苑领袖。康熙十九年，卒，年八十有九。

王鉴，字圆照，明尚书世贞曾孙。与时敏同族，为子侄行，而年相若。崇祯中，官廉州知府，甫强仕，谢职归。就弇园故址，营构居之，萧然世外。与时敏砥砺画学，以董源、巨然为宗，沈雄古逸，虽青绿重色，书味盎然。后学尊之，与时敏匹。康熙十六年，卒，年八十。

孙王原祁，字茂京，号麓台。幼作山水，张斋壁，时敏见之，讶曰："吾何时为此耶？"问知，乃大奇曰："此子业且出我右！"康熙九年成进士，授任县知县。行取给事中，寻改中允，直南书房。累擢户部侍郎，历官有声。时海内清晏，圣祖右文，几馀怡情翰墨，常召入便殿，从容奏对。或于御前染翰，上凭几观之，不觉移晷。命鉴定内府名迹，充书画谱总裁、万寿盛典总裁，恩礼特异。五十四年，卒于官，年七十四。

原祁画为时敏亲授，于黄公望浅绛法，独有心得，晚复好用吴镇墨法。

---

[1] 王锡爵（1534—1614年），字元驭，号荆石，明嘉靖四十一年（1562年），会试第一、廷试第二。授翰林院编修，累迁至祭酒、侍讲学士、礼部右侍郎等职。万历十二年（1584年）拜礼部尚书兼文渊图大学士，参与机务。万历二十一年（1593年），入阁为首辅。万历三十五年（1607年），再次被征召入阁，凡三辞，皆不许。离职后，朝廷对他恩礼不衰，加赠太子太保，进建极殿，赐道里费。卒后，赠太保，谥文肃，赐葬，敕建专祠。王锡爵的曾孙王炎在清代也官到大学士，因此人称"祖孙宰相""两世鼎甲"。锡爵子王衡和孙王时敏又荫赠一品，因此，又称为"四代一品"。

时敏尝曰："元季四家，首推子久，得其神者，惟董宗伯；得其形者，予不敢让；若形神俱得，吾孙其庶几乎？"王翚名倾一时，原祁高旷之致突过之。每画必以宣德纸，重毫笔，顶烟墨，曰："三者一不备，不足以发古隽浑逸之趣。"或问王翚，曰"太熟"；复问查士标，曰"太生"。盖以不生不熟自居。中年后，供奉内廷，乞画者多出代笔，而自署名。每岁晏，与门下宾客画，人一幅，为制裘之需，好事者缄金以待。弟子最著者黄鼎、唐岱，并别有传。[1]

王原祁（1642—1715年），清初"四王"之一王时敏（娄东派的创始人）之孙。康熙九年（1670年）进士，官至户部侍郎，人称王司农。在"四王"中，王原祁年纪最小，但成就最高。他得到祖父和王鉴的真传，喜欢临摹五代至元代时期（907—1368年）的绘画名作，绘画风格主要受元代（1279—1368年）名画家黄公望的影响。在技巧方面，他作画时喜欢用干笔，先用笔，后用墨，由淡向浓反复晕染，由疏向密，反复皴擦，干湿并用，画面显得浑然一体，用笔沉着，自称"笔端有金刚杵"。画论，著有《雨窗漫笔》和《麓台题画稿》。王原祁还擅长诗作，作品有《罨画楼集》三卷。王原祁承董其昌及王时敏之学，受清最高统治者之宠，致力山水，领袖群伦。影响后世，形成娄东派（王原祁是江苏太仓人，太仓也称娄东），左右清代三百年画坛，成为清代"正统山水派"中坚人物。

在"四王"中，王原祁年纪最轻，但其艺术成就最高。诗曰："百余年来写山水，三王之后推司农，千秋绝艺一家擅，独辟画苑开棒丛。"王原祁曾官至户部左侍郎，故人称"王司农"。康熙四十四年时，他奉旨纂辑《佩文斋书画谱》，并任总裁，显赫一时，因而师承者甚众，遂形成一独立的画派。因王原祁是江苏太仓人，也有称此画派为"太仓派"的。又因娄江东

[1] 见（清）赵尔巽编：《清史稿》中华书局，1977年版。卷五百四，列传二百九十一：艺术三。

流经过太仓，故习惯上称“娄东画派”。当时的娄东画派声势浩大，几可左右艺林而为后人景仰。

由于康熙皇帝十分欣赏王原祁的画，曾赠有“图画留有后人看”之诗句，加之王原祁在朝中的位置，其他画派自然难与娄东画派匹敌了。娄东画派对整个清代画坛的影响是不言而喻的。

从以上关于王原祁和娄东画派的描述，我们可以知道，出身名门的王原祁，以明代董其昌为嫡传，而且师法元代黄公望的画法。由此，我们可以知道，唐岱拜王原祁为师，其绘画的思想必然走南宗[1]路线。这从唐岱所绘的作品中，大部分是对宋元时期名画的“仿古”体现出来。这在唐岱所著《绘事发微》“正派”中有明显体现：“画有正派，须得正传，不得其传，虽步趋古法，难以名世也……唐李思训、王维，始分宗派。摩诘用渲淡，开后世法门，至董北苑则墨法全备。荆浩、关仝、李成、范宽、巨然、郭熙辈，皆称画中贤圣。至南宋院画，刻画工巧，金碧焜煌，始失画家天趣。其间如李唐、马远，下笔纵横，淋漓挥洒，另开户牖。至明戴文进、吴小仙、谢时臣，皆宗之。虽得一体，究于古人背驰，非山水中正派……”[2]这里，或许有门派的偏见之嫌，但说明了唐岱以南宗为正统的思

---

[1] 南北宗：中国书画史上一种理论学说。明代画家董其昌所创。他把李思训和王维视为“青缘”和“水墨”两种子画法风格的始祖，并从此提倡中国山水画分“南北宗”之说。另莫是龙在《画说》中说不得：“禅家有南北二宗，于唐时分，画家亦有南北二宗，亦于唐时分。”（清）方薰认为，“画分南北宗，亦本禅宗‘南顿’‘北渐’之义，顿者概性，渐者成于行也。”南北宗原是指佛教史上的宗派，所谓“南顿”“北渐”把“顿悟”和“渐识”（苦功修炼）作为彼此的主要区别。这种划分法，标榜了“南宗画”即文人画出于“顿悟”，因而视为“高越绝伦”，“有手工土气”；同时，以为“北宗画”只能从“渐识”，也就是从勤习苦练中产生。受到轻视和贬。方薰也认为，顿单概于性灵，渐者成于力行。前者重在邻居领悟，后果重在功夫。南宗王摩诘（维）始用宣纸，变勾勒之法其传荆、关、董、巨、二米以及元之四家等。北宗则李思训父子，风骨奇峭，挥扫躁挺，传至宋之赵伯驹、赵伯以及马远、夏圭、戴文进、吴小仙等。

[2] （清）唐岱《绘事发微》正派。

想，所以唐岱是十分看重身份和传承的，这也是明代文人画家对后世山水画家的影响的一个表现。

而唐岱最重要的老师则是历代名家的作品，尤其是宋元时期为首的士人画家，给了唐岱绘画最大的借鉴和营养。王维、巨然、郭熙、荆浩、关仝、李成、范宽、倪瓒、王蒙、黄公望、赵孟頫、吴镇等历代画家的风格和作品均在唐岱到作品的有所表现。在我统计的画作中，有“仿”字题款的作品不少于16部，从中可以看出唐岱的师承来源。

1.《秋日摹巨然烟浮远岫笔意》册页（见附图2）

1702年，康熙四十一年作。1册，1开，纸本，笔墨，尺寸：40×25厘米，款识：壬午秋日摹巨然烟浮远岫笔意，为芩台先生教正，静岩唐岱。钤印：唐岱（朱）毓东（白）。该图以墨笔皴染山石，点染树木，万木潇洒的秋景，令人过目不忘，与原作对比，更多一分秀美之气，但山势、石树的画法，十分相似，没有脱古痕迹，可以看出唐岱师法古人的特点。

2.《仿关仝秋清图》（见附图31）

1737年，乾隆二年作。绢本立轴，尺寸：90×57.5厘米，款识：秋清图。乾隆二年闰月仿关仝。臣唐岱恭画。钤印：唐岱、恭画。鉴藏印：乾隆御览之宝、允中致和、山阴张允中补萝庵收藏。此图以墨笔勾勒山形，渲染得到，布局严谨深远，树木用浅绛法着色，峰峦叠嶂、气势雄伟，深谷云林，构图兼顾高远法与平远法，用笔简劲老辣，有粗细、断续之分，落墨渍染生动，饶有气韵。山石先勾勒后皴擦，用的是“点子皴”或“短条子皴”，笔法缜密，然后用淡墨层层渍染，故显得凝重硬朗。

3. 雍正八年的《仿大痴山水》（附图19）、雍正九年的《仿大痴山水》（附图21）、乾隆五年的《仿大痴山水》（附图34）、乾隆十二年的《富春山居图》（附图51）。

雍正八年，即1730年的《仿大痴山水》，立轴，绢本设色，尺寸：89.3×46厘米；雍正九年，即1731年的《仿大痴山水》，立轴，纸本设色，尺寸：88.5×55.6厘米；乾隆五年，即1740年的《仿大痴山水》，立轴，纸本设色，尺寸：125×64厘米；乾隆十二年，即1747年的《富春山居图》，立轴，尺寸：148.5×48厘米，绢本墨笔，钤印：毓东名岱、图书养性。题识：乾隆十二年除夕前三日，拟元人法意为松翁先生清鑑，静岩唐岱。鉴藏印：陆时化藏、狄平子心赏。此四幅作品是唐岱仿黄公望山水幅的精美之作，尤其以《富春山居图》为代表。没有“渲染”，而仅具“勾皴轮廓”，可用一个“写”字概括。黄公望的山水画被列为“元四家”之首。笔法方面变宋人质实为虚灵，变刚劲为圆润，多用渴笔、积墨的干笔皴擦，笔势侧中寓正，画面山淡树浓，意满柔和，给了唐岱很大的启示和借鉴。

4.《墨妙珠林》（见附图76）

共仿名家24位。分24册，纸本设色，尺寸：本幅 63.3×42厘米、对幅63.3×42厘米、全幅92.6厘米。每幅所绘之作，均为摹写名作，分别将各家所长的技法汇聚其中。足见唐岱对前人的崇拜与吸收。

同时，作为宫廷画家的唐岱，在坚定地走“正统山水”路线的同时，也在艺术创作上，对其师傅有所改变。“唐岱专工山水画，师法王原祁，远承董源、巨然（五代画家）、黄公望、王蒙（元代画家）之遗脉，绘画风格，构图和用笔、用墨与其师王原祁有许多相似之处。但由于长期供奉内廷，为适应宫廷富丽豪华画风的需要，用笔更加细致、规矩，山水和树木都经过精心的安排和组织，其画风更趋向纤秀、细腻、琐碎、繁复，使之更具有富丽华美的装饰性。作品中的某一些细部还留有王原祁的某些风格特征。但从总体上看去，似乎有图案样式的感觉。这是唐岱长期从事宫廷绘画与宫廷生活的环境影响，略变其师王原祁面貌，成为娄东画派中的院体画家的新面貌、新风格所在。”[1]

我认为，这是必然和不得已而为。因为宫廷画家，对作品的创作，一

[1] 王洪源：《满族宫廷画家唐岱》，《满族研究》1994年第3期。第71页。

方面受制于帝王的旨意，另一方面也是对自己艺术技法和思维的一种表达，如果单纯模仿，即使可以乱真，也难以在众多的宫廷画家中博得帝王的宠爱。因此，必然在效法古人的基础上，结合帝王的需要和装饰性的要求上，进行突破和创新。这既是宫廷画家的一种进步，也是一种无奈。

唐岱不但继承了其师傅王原祁的风格，而其远承宋元名家，从中吸收了大量的营养。我们从唐岱大量的作品中可以发现，其中几乎都是仿古作品。如《石渠宝笈三编》所记唐岱画《墨妙珠林（申）卷》，仿二十四家山水册，其中共仿宋元名画家二十四位：曹知白、董源、范宽、高克恭、关仝、郭熙、黄公望、惠崇、江贯道、巨然、李成山、李思训、李昭道、米芾、王维、倪瓒、王蒙、王诜、吴镇、许道宁、燕文贵、赵伯驹、赵令穰、赵孟頫。（见附录三76，附图76）同样，在宫中"仿古"现象也体现在画画人丁观鹏、周鲲[1]等人的身上。

此外，关于唐岱的师承，还有一个来源，就是宫中与其一同供职内廷的其他优秀画家。如继曾鲸之后、开创"西学派"的著名"人物画家"焦秉贞[2]，其吸收西画特点，结合中国画写意特点，为唐岱日后与郎世宁的多次合作，中西合璧打下了基础。

至于唐岱的弟子，有确切记载的是雍正时入宫，后来颇有成就的陈善。

[1] 丁观鹏：生卒不详，顺天人。雍正四年（1726年）进入宫廷为画院处行走，与唐岱、郎世宁、张宗苍、金廷标齐名。造诣深湛，得乾隆帝赏识，曾为《圣制诗》初集、二集、三集之多幅画卷题诗。胡敬《国朝院画录》谓："观鹏克传家学。"工道释、人物，尤擅仙佛、神像，以宋人为法，不尚奇诡，学明代的丁云鹏笔法，有出蓝之誉。传世作品有：《摹宋人雪渔图》和《仿韩七子过关图》等。周鲲：字天池，江苏常熟人。画承家学，工山水、人物，梅花亦佳。乾隆（1736—1795年）时供奉如意馆。尝以闾阎疾苦情形托诸艺事，蒙御题，有："监门遗故事，咨尔溯其踪"句。所作多藏《石渠宝笈》。

[2] 焦秉贞：（约1689—1726年），山东济宁人。康熙时钦天监五官正。善绘事，祇候内廷。画作有：《耕织图》，传世作品有：《张照肖像》轴，蒋廷锡补景，现藏故宫博物院《秋千闲戏图》册页。

据张庚《国朝画征录》记载："唐岱字静岩，满洲人内务府总管……岱弟子陈善，大兴人，山水多焦墨，丘壑亦深邃。"

《国朝画传编韵》载："陈善，大兴人，山水多焦墨，丘壑深远，并工人物极有石。高宗时内廷供奉，人称小陈相公，张浦山云系唐岱弟子。"

从这两则记载中，可以看出，陈善作为唐岱弟子也是继承了王原祁一脉，山水和丘壑，师法王原祁的皴法和唐岱的笔法，在当时宫廷里已经是十分出众的。据雍正十一年三月《清档》"杂项买办库票"记载："慈宁宫画画处，画画人领三月份银两。阿兰泰（六品）三两，金昆、陈枚、陈善、孙祜、吴璋、金玠、卢湛、戴洪、戴正、戴越、张万邦、丁裕、程志道、贺永清、丁观鹏、徐寿以上俱十一两。张霖、陈敏、吴械、吴桂、叶履丰以上俱七两。"按雍正朝画画人的待遇，十一两为最高，这在当时是个不小的数目，甚至高于六品官的月俸，足见陈善绘画的功力。其作品有乾隆甲子年（1744年）作《奇峰高寺》图（见附录三78，附图78），陈善、冷枚等合笔《群仙献寿》图册页（年代不详）（见附录三79，附图79）。

此外，间接获得信息，能够确定的是唐岱的弟子是张雨森。如"乾隆四年六月初十日，七品首领萨木哈持来折片一件，内开臣海望谨奏为请旨事。画山水之人张雨森系江南通州人，监生，年四十六岁，现学唐岱笔法，臣见画山水之人，内廷甚少，今张雨森情愿当差，为此奏闻请旨"。[1]由此可知张雨森系追随唐岱学画山水。

《国朝院画录》记载："张雨森，初名雨，字作霖，号苍梦，淮安人，工山水。伏读《御制诗·初集》题雨森《山水图》，有'悬之高堂六月凉，助我清兴生吟席'句；题雨森《摹沈石田山水》幅有'吴中沈周清狂客，雨森笔似人亦肖'句；又雨森《勉参诗画禅》，'会当示汝无形妙'句。注：雨森颇能诗，故云。臣敬谨案：雨森善泼墨恭绛睿题，想见宋画史就舍解

[1]　《清档》"记事录"乾隆四年六月初十日档。

衣梁礴之概，而余艺又能诗，询非舔笔和墨之众所可企及。《石渠》著录一：《摹燕文贵江干雪雾图》一卷。”[1]在文字中只是提及他与沈周的关系，而丝毫未提他学唐岱的画法。

另据《清档》记载：

（乾隆四年六月）初十日，七品首领萨木哈持来摺片一件，内开臣海望谨奏为请旨事。画山水人张雨森，系江南通州人，监生，年四十六岁，现学唐岱笔法，臣见画山水之人内廷甚少，今张雨森情愿当差，为此奏闻请旨。于本日交太监胡世杰、高玉转奏，奉旨：令张雨森菱荷香行走。钦此。

于本年十月初二日，催总白世秀将画画人张雨森画得山水画一张持进，交太监毛团、高玉呈览。据太监毛团、高玉口奏，画画人张雨森于本年六月初十日在菱荷香效力行走，如何赏给钱粮银之处，请旨。着照咸安宫画画人所食钱粮银八两、工费银三两赏给。钦此。

七月初十日，七品官赫达子奉旨：张雨森画山水有些出息，不拘大小挑山横批，即无地方亦可画得。钦此。[2]

按照聂崇正先生在《清代宫廷画家唐岱和张雨森》的解释：“由此，可知张雨森进入宫廷供职的时间是在乾隆四年（1739年）六月；张雨森是南通州（今江苏南通），胡敬在《国朝院画录》中说他是‘淮安人’有误；张雨森还有‘监生’的身份，即是个读书人，与‘颇能诗’相吻合；张雨森进入宫廷的乾隆四年，四十六岁，据此可以推算画家的生年，他应当生于康熙三十二年（1694年）；此外，我们还能从中知道，张雨森是学习唐岱画法的。按照乾隆六年（1741年）内务府造办处的档案记载得知，张雨森

[1] 胡敬《国朝院画录》卷上。

[2] 见清内务府造办处《内务府各作成做活计清档》乾隆四年档。

进宫后享受的是一等画画人的待遇。”[1]张雨森的传世作品有《秋林曳杖图》（见附录三80，附图80）。所以，唐岱的水平和威望之高，从其徒弟在宫廷中的造诣就可想见。接下来的部分将会陆续介绍唐岱的绘画生涯及其作品情况。

[1] 聂崇正：《清代宫廷画家唐岱和张雨森》，《故宫博物院院刊》2003年第4期。第11–12页。

（三）唐岱宫廷绘画生涯

1. 清代宫廷画院机构及画师的级别、待遇等相关问题

依据聂崇正先生《清代宫廷绘画机构、制度及画家》一文[1]的观点，我们可以初步对清代画院及画家的管理制度有一个大概了解，归纳如下：

第一，清代管理宫中绘画事宜的专门机构

“康熙年间，清朝统治逐步稳定。随着皇权的加强和宫廷服务的需要，内务府的组织和职能也在不断地发展和完善。在其庞大的系统下，由养心殿造办处掌理御制器物的制造、修理和收贮。养心殿造办处下设有铸炉处、如意馆、玻璃厂、做钟处、珐琅作等作坊，分管专项活计，其中的画作、画院处、如意馆专门负责绘画活计，是清前期宫廷内主要的绘画机构。”[2]

基本上，如意馆位于圆明园福园门内东侧二十景之一“洞天深处”的东北部，系一组四座四合院建筑。主要从事绘画创作，也兼制玉、象牙等工艺品。如意馆在乾隆初年的性质与其他各绘画处是一样的，即执行绘画任务的地点，内有一些画画人。乾隆元年以后，宫廷绘画活动除集中在画

[1] 聂崇正：《清代宫廷绘画机构、制度及画家》，《美术研究》1984年第3期，第51页。

[2] 引自冉琰：《清前期宫廷绘画机构及画家》（硕士学位论文），中央民族大学，2006年。第一章第一节。

院处进行外，如意馆也有自己的画家，如沈源、唐岱、孙祜、吴核、张宗苍等，负责承担部分绘画活计。可见，唐岱所供职的就是如意馆。《清史稿》唐岱传载："清制画史供御者无官秩，设如意馆于启祥宫南。"[1]

礼亲王昭链在《啸亭杂录》续录卷一中说："如意馆在启祥宫南，馆室数楹，凡绘工、文史及雕琢玉器裱褙帖轴之匠皆在焉。"[2]乾隆时期的档案中还有"画院处"之称。类似于前代画院，此外，还包括了其他从事工艺美术和装裱书画的工匠。

第二，宫廷画师的等级与选拔

中国历代宫廷，都容纳了众多画家供职，而且这部分画家群体均有不同的职称。比如宋朝画院中的画家就有待诏、祗侯、艺学、画学生等若干等级的称呼；明朝宫廷画家则以锦衣卫的职务来表明身份的高低，"明多假以锦衣卫衔，以绘技画工概授武职"（清·胡敬《国朝院画录》），依次为锦衣都指挥、锦衣指挥、锦衣千户、锦衣百户、锦衣镇抚。这些资料，散见于各类文献之记载。清朝宫廷中供职的画家开始并无专门职位，始称"南匠"，后改叫"画画人"。"南匠"系满人对中原绘画艺人的称呼，意为江南

---

[1]　见（清）赵尔巽编：《清史稿》中华书局，1977年版。卷五百四，列传二百九十一：艺术三。

[2]　（清）昭链：《啸亭杂录》，中华书局1980年版。卷一。昭链：（1776—1830年），号汲修主人。昭链是清太祖努尔哈赤第二子代善的六代孙，代善因军功被清太宗皇太极封为礼亲王，这一爵位最初由他的第六子满达海和满达海子常阿岱相继承袭，常阿岱缘事降为贝勒，礼亲王的爵位便由代善第七子祜塞的儿子杰书继承。杰书为多罗郡王时号日"康"，因此称"康亲王"。杰书死后，康亲王的爵位由其子椿泰、孙子崇安相继承袭。崇安死后清高宗弘历把这个爵位给了椿泰的弟弟巴尔图。巴尔图死后，又转由崇安的儿子继承，这个代善一等王爵的第七个继承者，就是昭楼的父亲永恩，永恩也是第五个康亲王。乾隆十七年（1778年），清高宗弘历因念代善之功，将康亲王称号又改封为礼亲王，永恩此后便称礼亲王。永恩为亲王共五十二年，嘉庆十年（1805年）死，年七十九岁，谥号"恭"。——箝声：《昭梿与〈啸亭杂录〉》，《满族研究》1985年01期，第55页。

地区的艺匠。因为宫中供职的画家大都来自江南，故以“南匠”称之。乾隆九年（1744年），弘历下旨：“春雨舒和并如意馆画画人嗣后不可写南匠，俱写画画人。”[1]虽然改称“画画人”，但地位并不高。

在宫廷中供奉的画师，身份从低到高可分为：学画柏唐阿、画画柏唐阿、画匠、画样人、画画人、供奉画师等。内府八旗子弟进入内廷之后，便可得到柏唐阿（即满语“执事”）身份与待遇，学成之后，晋升画画人。画画人在某宫内作画，又称作“行走”或“启祥宫行走”，意思即是在某处当差。

宫廷画家的选拔，有严格的规定。李湜的《晚清宫廷绘画》引文中提道：“画士入宫，主要通过举荐、考试，举荐分为亲属举荐、师徒举荐、官员举荐。由宫中供职的，品德良好的画士、官员，作为举荐人，向皇室介绍入宫。”[2]通常有以下五个途径：

（1）由三织造、粤海关监督或地方总督、内务府大臣审查、荐举，经皇帝批准后，由地方衙门送京，考核合格进入内廷。

（2）宫廷画家之子侄或徒弟，经造办处总理事务大臣推荐，由皇帝恩准进入内廷。

（3）内廷自行培养。雍正、乾隆时期，定期从内务府佐领、管领下人中选拔灵巧的少年童子入宫，充当学徒，学习绘画或从事加工、调制颜料。

（4）在绘画任务极重，宫内绘画人员不能应付时，内务府会临时雇佣民间画家以应急需。若手艺出众，表现良好，被临时雇佣的民间画家就能留任内廷。

（5）民间画家自荐，受到皇帝欣赏而被采用。

---

[1] 见《内务府各作成做活计清档》“记事录”乾隆九年。

[2] 见李湜：《晚清宫廷绘画》，《故宫博物院八十华诞暨国际清史学术研讨会论文集》，紫禁城出版社发行2006年11月版。P347—353页。其中资料来源于《内务府造办处各作成活计清档如意馆呈稿》。

根据《清史稿·唐岱传》载："供奉内廷，圣祖品题当时以为第一手，称'画状元'。历事世宗、高宗。高宗在潜邸，即喜其画，数有题咏，后益被宠遇。""少时名动公卿。""间赐出身官秩，皆出特赏。"[1]唐岱入宫应该是世宗，即雍正时期，而在此前，唐岱已经有了画名和地位，受到康熙赏识，赐"画状元"身份，再加上他师承王原祁，而王原祁作为清初"四王"之一，乃"正统山水"大家，又是宫廷御用画师，可以想见，唐岱进入宫廷的方式应该是由师徒举荐为由，属于第二种。

第三，宫廷画师的收入与奖赏

以下两则材料体现了乾隆年间画画人的等级与收入情况：

"到乾隆时期已明确划分了宫廷画家的等级，并按级发放银两。具体标准为：一等画画人十一两，二等画画人九两，三等画画人七两，其中包括饭食银与公费银两种。除了一、二、三等画画人之外，还有不入等的画画人或画样人、画匠，他们每月可得到赏钱二三两至六两。"[2]

"司库白世秀来说，太监高玉传旨：画院处画画人等次，金昆、孙祜、丁观鹏、张雨森、余省、周鲲等六人一等，每月给食钱粮银八两、公费银三两；吴桂、余、程志道、张为邦等四人二等，每月给食钱粮银六两、公费银三两；戴洪、卢湛、吴、戴正、徐焘等五人三等，每月给食钱粮银四两、公费银三两。钦此。"[3]可见，画画人的公费银不分等级，均为三两，但每月食钱粮银有级别的差额，为每等级相差二两。宫廷画家的考核始终存在，等级也随之变化，根据画家水平提高与否、皇帝喜好的变化而变动。唐岱属于世袭爵位，并且身受骑都尉官职，后任骁骑参领，最终官至内务

---

[1] （清）赵尔巽等编：《清史稿》中华书局，1977年版，卷五百四，列传二百九十一。

[2] 引自冉琰：《清前期宫廷绘画机构及画家》（硕士学位论文），中央民族大学，2006年。第三章第二节。

[3] 清内务府《各作成做活计清档》乾隆六年（公元1741年）。

府总管（正二品），授官职的画画人，除享受宫廷画家的俸银外，同时还享有相应官职的俸禄。

对清期宫廷画家的奖赏分很多种：

“赏赐除银两、物品外，还有假期、爵位、官职等。赏银者如‘雍正四年四月二十一日，据圆明园来帖内称，内管领穆森奉怡亲王谕，将造办处库内收贮我的银子，赏给画画人张为邦银三十两’。[1]赏假者如‘雍正元年十二月初七日，员外郎海望来说，怡亲王谕，画画人金价欲告假回家去，令着织造官孙文成家人，好生送至家去。俟金价家内事完，仍着孙文成家人好生送至京来’。[2]赏官职者如‘乾隆十三年闰七月初十日，七品首领萨木哈来说，太监胡世杰传旨，着怡亲王等将张为邦照沈源、丁观鹏一样赏官’。[3]”[4]

“乾隆元年正月初九日，内大臣海望奉旨，着赏画画人沈源官用缎二匹。”[5]

“乾隆元年三月初三日，太监毛团传旨，着海望拟赏唐岱、郎世宁并郎世宁徒弟，钦此。于本日，内大臣海望谨缮写折片，拟得赏郎世宁、唐岱每人人参二斤，纱二匹，赏郎世宁徒弟每人官用缎二匹，司库刘山久持进交太监毛团转奏，奉旨准照所拟赏给。”[6]

宫廷画家可以得到官房居住，为宫廷服务的工匠、画师均配有例饭且相对较为丰盛。“乾隆时，如意馆馆员、画画、玉匠人等，每人每日猪肉二

[1] 《清档》“杂录”雍正四年四月二十一日档。

[2] 《清档》“记事录”雍正元年十二月初七日档。

[3] 《清档》“记事录”乾隆一十三年闰七月初十日档。

[4] 引自冉琰：《清前期宫廷绘画机构及画家》（硕士学位论文），中央民族大学，2006年，第三章第二节。

[5] 《清档》“记事录”乾隆元年正月初九日档。

[6] 《清档》“记事录”乾隆元年三月初三日档。

斤。匠役，每名每日猪肉十两。”[1]雍正以后，汉族画家在京所需的各项钱粮统一由造办处钱粮养赡，并成定例。清代前期宫廷画家的物质待遇除住房、例饭、饭银、衣银外，还有一个重要的经济来源是奖赏。奖赏分三类：第一类是奖励手巧和勤勉者；第二类是画师生病、病故者；第三类是画师的亲人故去。赏赐的内容，除银两、物品外，还有假期、爵位、官职等。这些都说明，清代宫廷画师在政治地位和社会地位上虽然不如文人画家那么备受推崇，但基本衣食无忧，待遇不低。为其创作铺平了道路。但是，作为御用画家，毕竟创作上受宫廷制度以及皇帝喜好的影响，所以，往往为了博得皇帝喜好，限制了发挥的程度，缺乏创作的自由性，这是宫廷绘画所不可避免的缺陷。

2. 唐岱宫廷画师生涯基本走向

通过前面对清代宫廷绘画机构和画师生活的基本了解，我们就可以把握唐岱作为宫廷画家的基本生活境遇。也为我们了解唐岱的宫廷绘画生涯打下一个基础。我们通过画史和档案资料可以把唐岱宫廷画师生涯做一个整体把握，归纳如下：

康熙十二年（1673年），唐岱出生，时逢康熙盛世之初。由于祖先战功显赫，承袭爵位，成年后，于康熙年间授官至骁骑参领。按其自己所讲，“幼赋性疏野，读书之暇，有志画学。既壮，念先世从龙御侮，受恩深重，思及时有所建白。迨两试不售，身膺武职，从军塞外，万里奔驰，而未获报称，归即益潜心此道，今三十余年矣。”[2]年幼时品行放纵不拘，读书闲暇，有志于画学。可见，作为满洲人的唐岱，向往中原文化，尤其对汉人

[1] 章乃炜、王蔼人《清宫述闻》“述内廷二”之“如意馆”条。

[2] （清）唐岱：《绘事发微》自序，王伯敏、任道斌：《画学集成》（明清卷），河北美术出版社，2002年版。

绘画十分喜好。成年后，感念祖先随太祖太宗的恩德，两次科举不中[1]，从军塞外，没能报答君恩，归来后的唐岱潜心于画艺，至今已三十多年（按：如果按照《绘事发微》沈宗敬序的时间：康熙丁酉年，即康熙五十六年（1717年）来计算，《绘事发微》成书时，唐岱四十四岁左右，从军归来学画已三十余年，他从军大概二十岁左右，参加科举考试在二十岁以内）。

唐岱从军归来后，“久司笔砚，因得交于东南之士”“不久声名大振、名动京师公卿”[2]，其画品受到康熙赏识和喜爱，屡屡诏入内廷作画，康熙晚期特御赐“画状元”称号。这一点，《郎潜纪闻初笔》之《画状元》有所记载：“圣祖天纵多能，艺事无一不学，亦无一不精。几暇作画赐廷臣，今海内旧家，尚有宝守者。时满洲参领唐岱，号静岩，工山水，尝召入内廷论画法，因御赐画状元，见胡学士敬《国朝画院录》。”[3]从唐岱作品的题款和钤印也可以得到印证，详细的内容和图例将在第二章会论述到。这里的“东南之士”大多是中原江南人士，据《怡悦斋书画录》记载的“唐岱画扇”：“隔窗云雾生衣上，卷幔山泉入镜中，戊申嘉平月拟赵承旨笔法写唐人诗意为芝园老长兄清鉴。同学弟唐岱。”[4]这里的“芝园”即谈中行[5]，号芝园，长洲人（今天的苏州）。可见，唐岱的同学多为南方人士，其中就包括清代“正统山水画大师”王原祁，后收唐岱为入室弟子，这里不详细讲述，在下一节唐岱师承关系分析中会介绍。

关于唐岱何时正式入宫，没有查到明确记载。不过依据徐邦达《历代

---

[1] 由此可推知唐岱是监生身份。《关东书画名家词典》第172页载：“唐岱，满洲正白旗，监生出身，官内务府总管。”

[2] 见（清）陈烺：《读画辑略》，商务印书馆，民国四年，1915年版。

[3] （清）陈康棋：《郎潜纪闻》，中华书局1984年版。

[4] 卢辅圣主编：《中国书画全书》，上海书画出版社，1994年10月版，第11册，《怡悦斋书画录》。

[5] 谈中行，（清）字祉元，号芝园，长洲人。少喜泼墨，写兰竹。后随其父怀莪先生宦游陕西，遂工山水。晚年与吴博厚为居，从而学习画花卉的技法。见于《墨香居画识》。

流传绘画编年表（改定）》唐岱年表所做记录："1723年，雍正元年，癸卯，唐岱作《仿古山水册》10页"[1]；鞠德源先生《清宫廷画家郎世宁年谱》记载："一七二八年，雍正六年，戊申，郎氏四十岁，十月十一日，命唐岱为'西峰秀色'后北面围屏画通景山水四幅。此画至七年二月二十七日画完。"[2]可以断定，唐岱于雍正初年进入如意馆供职。

唐岱由于世袭祖爵，入宫前就带有爵位，地位比一般的宫廷画家要高。从这一则档案："乾隆元年十二月初五日，骑都尉唐岱、西洋人郎世宁来说，太监毛团传旨，着挑小苏拉几名与唐岱、郎世宁学制颜料。"[3]骑都尉是清代爵位，唐岱入宫前就有爵位。而我们已经知道他曾经从军身膺武职，入宫后，仍持爵位在宫廷供职，唐岱不是普通的画画人，而应属于身居高位，有爵位和官职的"翰林画家"。"翰林画家"是指身有官秩、擅长绘画、接近皇帝、经常贡进书画以邀宠或受命创作的官臣。（按：雍正七年十月，画家汤振基、戴恒、余秀、焦国俞等共十六人先后进入清宫造办处"画作"供奉。增加了柏唐阿王幼学、金保、徐玫之子等三人。翰林画家有唐岱、高其佩、莽鹊立、唐英等四人。[4]）而且从唐岱作品中众多的"臣"字题款，也可看出，他是区别于一般画画人的。按照好友陈鹏年为《绘事发微》作序称唐岱"任骁骑参领"，参考画史所记唐岱"官内务府总管"，如果属实，那么，据清代官员品级，武职京官分为：一等侍卫、火器营翼长、健锐营翼长、前锋参领、护军参领、骁骑参领、王府长史等，品级为正三品。足以说明唐岱的身份之高，受皇帝器重。

[1]　徐邦达：《历代流传绘画编年表》，人民美术出版社，1994年版，第220页。画作记载自（清）邵松年《古缘萃录》。

[2]　见《故宫博物院院刊》之《纪念郎世宁诞生三百周年特辑》1988年2月，第87页。

[3]　《内务府各作成做活计清档》（以下简称《清档》）"记事录"乾隆元年十二月初五日档。苏拉，满语称为"闲散人"。

[4]　见朱家溍选编：《养心殿造办处史料辑览》第一辑 雍正朝，紫禁城出版社，2003年版。

这里有两个问题需要指出：

首先，《绘事发微》沈宗敬序讲道：“先朝特授世爵，子孙罔替。”这和我们所认为的“世袭罔替”是有区别的，“世袭罔替”是清朝的一种爵位继承制度，俗称“铁帽子王”。清朝封爵一般有两种：一种因为在战争中立有战功而受封，为功封，唐岱的先祖就属于这种情况；另一种因是皇帝之后而受封，为恩封。按照制度，后代在承袭前人的爵位时，要降一级。乾隆时规定：以军功得封者，无论王、贝勒等爵，均世袭罔替即世代承袭本爵，永不降封；恩封王、贝勒等爵，均每世递降一等承袭直至辅国将军，再往后则以本爵世袭。那么可想，唐岱祖先立下战功，授爵，子孙袭爵罔替，其爵位是骑都尉，则其父亲的爵位就有可能是骑都尉或高一级别的轻车都尉等爵位。

其次，关于唐岱任“内务府总管”的说法。如果唐岱确实在京城做过骁骑参领，那么，从官职品级来说，符合内务府大臣的品级要求。而其如意馆隶属内务府，负责宫廷绘画、工艺、装裱等职责，唐岱久司其职，受到皇帝宠爱，很可能负责部分内务府的事宜。祁美琴先生的《清代内务府》，书后有附录《清代内务府大臣一览表》，从顺治元年至宣统三年，列出全部内务府官员名单[1]。并未找到有关唐岱做过内务府总管大臣的记录。所以，关于画史对唐岱这一记载有待进一步考证，需要史料佐证。

对于唐岱在宫廷中的地位，可以说是乾隆最喜欢的宫廷画师之一，另一个就是著名的郎世宁，从画史中的记载就可见一斑：

《国朝画识》载：“唐岱，字静岩，满洲人，内务府总管，工山水，用笔沉厚，布置深稳，得力于宋人居多，祗侯内廷，今上赏之，蒙恩品题

[1] 据《清实录》、《八旗通志》“内大臣表”、《清代职官年表》、《清代内阁大库散佚满文档档案选编》诸书编制。此处仅限北京总管内务府大臣，盛京、陵寝总管内务府大臣不录。祁美琴：《清代内务府》，中国人民大学出版社，1998年版，第301页。

最多，诗载乐善堂集，恭录题千山落照图一章。我爱唐生画，屡索意未已……位置别彼此。恭读一过，可以得其画之佳致矣。而瞑对两言神味，清杳更可想，是图照之妙。”[1]

《国朝画传编韵》载：“唐岱，字毓东，号静岩，又号知生，满洲人，内务府总管，工山水，用笔沉厚，布置深稳，得董、巨之神髓，乾隆初祇侯内廷，蒙恩品题最多……”[2]

胡敬的《国朝院画录》有载，乾隆多次作诗赞赏唐岱的画艺。“伏读高宗《乐善堂集》与唐岱诗，有‘范缓倪迂自古人，而今绘事数唐寅’句。题岱《千山落照图》（见附录三28，附图28），有‘斜阳映天末，咫尺有万里。螟对意弥遥，烟浮幕山紫。位置倪黄中，谁能别彼此’句。《圣制诗》初集，题岱山水画册，有‘画师创新格，恩波图万顷，故知寓意深，笔谏吾须领’句。题岱《溪山雪霁图》，有‘唐岱笔法老尤劲，鼻祖摩诘追范宽’句。《五集》题岱《寒山万木图》，有‘画院当年供奉人，识其笔意此诚真，喜其已落人间久，又入《石渠》奔赏频’句。臣敬谨案：唐岱荷两朝知遇，山水宗法宋大家，少时名动公卿，暨人内廷，指示亲承，笔法倍进，人间藏弄者绝少，即有亦与尺璧同珍矣。”[3]

唐岱在未入宫之前，就与当时尚为皇子的弘历关系密切，为弘历作《松阴抚琴图》（见附录三26，附图26）。弘历即位，改元乾隆。乾隆时期，唐岱的绘画生涯也达到顶峰。按胡敬《国朝院画录》记载“唐岱……石渠著录二十有八，内合笔三”。大体上，唐岱的宫廷绘画活动可以分为以下几个方面：

[1]　（清）冯金伯：《国朝画识》，卢辅圣主编：《中国书画全书》，上海书画出版社，1994年10月版第十册，第631页，上22行。

[2]　（清）姜宁：《国朝画传编韵》，卢辅圣主编：《中国书画全书》，上海书画出版社，1994年10月版第十册，第861页，下1行。

[3]　（清）胡敬：《国朝院画录》卷上四。于安澜：《画史丛书》，上海人民美术出版社，1963年版，铅印本。

第一，按照旨意独立作画

按照皇帝旨意，以规定的题材来创作，是宫廷画家主要的工作。这些作品有的是皇帝兴致所至，即兴让画师创作。

如“雍正十一年十月二十九日，据圆明园来帖内称，宫殿监副侍李英传旨，着唐岱画画二张，内一张照安宁居的画画，一张随意画；再着郎世宁亦画画二张，内一张画径一寸三分竹子，一张随意画”[1]；如“乾隆九年三月初六日，司库白世秀、副催总达子来说，太监胡世杰传旨，要唐岱仿王原祁山水画呈览”。[2]

有的则是重大庆典活动，为了记录下来命画师所为。

如“雍正七年九月二十四日，郎石宁、唐岱奉命为雍正帝寿辰画祝寿画，至十月二十九日画得寿意画二张，交海望呈进”。[3]

清代宫廷绘画，有严格的降旨、审稿、审画制度，不是每个画画人都可以独立作画，很多画画人由于身份低微，只能负责描色，补景等工作，只有被皇帝认可的、水平很高的画家才可以独立按照旨意作画，或主动画作品，让皇帝品评。

第二，与他人合作，绘制作品

从《清档》记载中，我们可以在很多资料当中发现唐岱与他人合作的记录：

乾隆三年，如意馆记载：“八月十七日：司库图拉、催总韩起龙等押帖一件内开本月十六日太监胡世杰传旨将冷枚画成养成图册页十副，着唐岱画山水、孙祜学画界画、丁观鹏画人物……”

“乾隆元年十一月十五日，命唐岱、郎世宁、沈源画《圆明园四十景

[1] 《清档》“画作处”雍正十一年十月二十九日档。
[2] 《清档》“记事处”乾隆九年三月初六日档。
[3] 《清档》“画作处”雍正七年九月二十一日档。

图》（见附录三75，附图75）一幅。唐岱、郎世宁、陈枚酌画《岁朝图》一幅。”[1]

第三，制作其他画作或制品

画扇，如“乾隆元年四月初一日，员外郎常（保）来说，太监毛团交曹扇二十柄，传旨，着唐岱、郎世宁、沈源画三色泥金”[2]；画斗方，如“乾隆元年正月十九日，太监毛团传旨，着唐岱、郎世宁二人随意各画斗方两张”[3]；配图，如“乾隆二年三月十四日，唐岱、陈枚来说，太监憨格交御制诗三首，传旨，按诗意着陈枚画人物、唐岱画树石、孙祜界画房屋”[4]。以上记载都侧面描述了唐岱在宫廷如意馆中的职责。

从唐岱传世作品看，也有佐证。比如：与恽寿平、杨晋合作的名家合璧（四幅）扇面，雍正四年1726年作；钤印，寿平（两次）、正叔（两次）、子鹤、杨晋、西亭、臣唐岱、恭绘；鉴藏印，瓶盦鉴赏、曾在梁溪孙家。题识：（1）迂翁笔墨极简，贵幽淡天真，在黄吴上。今人便以率易当之，谬矣。寿平记。（2）放笔有萧寒幽淡之色，唯云林先生获我心耳。寿平。（3）仿吴镇。臣唐岱恭画。（4）雍正四年丙午（1726年）春三月，仿元人牧归图。西亭老人杨晋，时年八十有三。按语：西亭苍率，颓然自放；静岩缜密，犹是典型；南田潇洒，当在中年。后先映辉，同宗同源。约每幅17.5×53厘米。质地水墨、设色纸本（见附图14）。又如：山水扇面，设色泥金，23×45厘米，款：乐亭仁兄老大人雅正，静岩唐岱（见附图56）。虽然不是正式画作，但构图饱满，用笔细腻，山水溪流跃然扇面，足见其重视和认真，没有丝毫懈怠，以得皇上和贵胄喜爱。

[1] 《清档》“画作处”乾隆元年十一月十五日档。

[2] 《清档》“如意馆”乾隆元年四月初一日档。

[3] 《清档》“如意馆”乾隆元年正月十九日档。

[4] 《清档》“如意馆”乾隆二年三月十四日档。

第四，传授画艺

“乾隆元年十二月初五日，骑都尉唐岱、西洋人郎世宁来说，太监毛团传旨，着挑小苏拉几名与唐岱、郎世宁学制颜料。”[1]“乾隆八年九月初二日，副催总六十七持来司库郎正培、骑都尉巴尔党、催总花善押贴一件，内开为本年七月初六日司库郎正培奉上谕，傅雯所画的灯片画完，着唐岱教他用笔学画山水。”[2]由此可见，宫廷画师有培养年轻画师的责任，并且相互间互相学习借鉴。

唐岱离宫的时间，也没有确切记载。但据《石渠宝笈》收录的作品来看，唐岱在宫廷中最后的作品是画于乾隆九年（1744年）的《仿倪瓒清閟阁图》（见附录三39，附图39）轴，款为“乾隆九年孟夏，仿倪瓒，臣唐岱恭画”。唐岱时年七十三岁。而画于乾隆丙寅（1746年）的《晴岚浮翠图》图轴（见附录三48，附图48），题款写道：“晴岚浮翠岛，积雨暗深村，寂寂无车马，溪流自到门。乾隆丙寅夏日，拟九十老人大痴笔法写此，诗意亦似题画，亦似补图。恭进敬斋主人殿下，唐岱敬画，时年七十有四。”这时，唐岱可能仍在宫内供职，所以，其离宫时间，估计在乾隆十一年左右。此后，他仍有画作传世，可以说是一个高龄，且画作颇多的画家。

[1] 《清档》“记事录”乾隆元年十二月初五日档。苏拉，满语称为“闲散人”。
[2] 《清档》“如意馆”乾隆八年九月初二日档。

二

唐岱的绘事活动

（一）唐岱绘事活动

关于唐岱的绘事活动，我参考《清档》相关记载，鞠德源先生的《清宫廷画家郎世宁年谱》一文，以及画史和古籍文献记载，将唐岱的艺术活动进行归纳整理，做出《唐岱艺术活动年表》，置于文末附录二；将我所能搜集到的唐岱作品进行梳理，做《唐岱作品编年统计》，详见附录三。由于所查史料有限，加上年代久远，很多史料和有用资料丢失，给统计带来了困难，如有不准确之处，请予以谅解和指正，必将补充修改，以正其详。

（二）唐岱绘画作品考略

1. 关于胡敬《国朝院画录》与《石渠宝笈》收录唐岱作品数目的出入

我对唐岱作品的收集，从《石渠宝笈》及其《续编》《三编》入手，由目录统计，列于其名下作品共计三十九件，发现其作品数量与胡敬[1]《国朝院画录》[2]中的记载不符。嘉庆年间，胡敬编撰的《国朝院画录》中记载："唐岱……石渠著录二十有八，内合笔三"，即二十八件，实际收录比他的记载多出十一件。

对清代宫廷画家的研究，除《秘殿珠林》《石渠宝笈》作为作品著录情况的查考之外，最容易被引用和参考的就是胡敬的《国朝院画录》。目前所见关于"唐岱"的文章期刊，凡涉及作品数量，几乎全部引用胡敬的统计

---

[1] 胡敬，字以庄，号书农，仁和（今浙江省杭州市）人，官至翰林院侍讲学士。他曾奉旨参与清代宫廷书画着录《秘殿珠林石渠宝复》三编的修纂工作，得见内府藏画，因就《石渠宝岌》所藏清宫廷画家作品并考其人，辑成《国朝院画录》。

[2] 《国朝院画录》，中国清代画史著作。《国朝院画录》全书2卷，可分3部分。第1部分以时代先后为序，列顺治、康熙、雍正、乾隆四朝画院工匠画家53人。每人先列小传，后着录其载入《石渠宝岌》一、二、三编作品。作品着录除画名、装裱形式、内容、款识、题跋外，并录皇帝御题。第2部分为诸家合作画幅及无名氏画幅，涉及画家28人，作品大多只列画名。第3部分为《石渠宝岌》未着录，画家姓氏散见于志乘一集谱录各书者，则仅列其姓氏里籍于卷末。

数据。我分析数据产生出入的原因，有可能是现行《石渠宝笈》索引中，并未将书中所有涉及唐岱参与的作品列于名下。比如《宝笈初编》索引中《清高宗御临唐寅饮仙图并书饮中八仙歌》没有署名“唐岱”，而实际是唐岱在画作中补画树石。而且，在《国朝院画录》索引中，唐岱名下也只列出了二十五幅作品，三幅合笔画没有列出。至于胡敬统计时所依据的选择标准，我并没有找到相关记载说明，但因数量上的出入确实存在，在对画家作品的统计和引用上，应以实际考证数目为准，胡敬《国朝院画录》所录作品数量仅可参考。所以，从第一手材料出发，收集《石渠宝笈》关于唐岱的真实记录，是十分必要的工作。

现将胡敬《国朝院画录》索引所记唐岱作品与我所统计的《石渠宝笈》《石渠宝笈续编》《石渠宝笈三编》作品做一比较，如下：

胡敬《国朝院画录》索引中所记载唐岱作品收录二十五幅：

（1）秋山不老图 一卷 款：秋山不老，雍正十一年八月朔，唐岱敬画，引首高庙御题。

（2）山水 一卷 款：乾隆四年春日，臣唐岱恭画。

（3）仿关仝庐山白云 一卷 款：关仝庐山白云图，为海内名迹，林壑位置，迥出意匠之外。廿年前偶于苏郡友人斋中展阅数过，卷尾有董文敏题识，至今追忆，恍在目前。适得胜国宣纸，摹仿其意，恭呈王殿下诲正。董跋录于右，时乾隆四年五月朔。唐岱敬画。印记四：[北窗][毓东][御赐画状元][到处因循缘嗜酒]。

（4）仿黄公望浮岚暖翠 一卷 款：浮岚暖翠，乾隆六年寒露，仿黄公望，臣唐岱恭画。

（5）仿关仝翠岭丹枫 一卷 款：翠岭丹枫，乾隆六年秋，仿关仝，臣唐岱恭画。

（6）仿关仝溪山雪霁 一卷 款：溪山雪霁，仿关仝，臣唐岱恭画，上方乾隆壬戌夏日御题。

（7）松阴抚琴 一轴 款：雍正十一年春日，唐岱敬画，上方圆幅，高庙，潜邸题。

（8）仿李成山水 一轴 款：乾隆八年四月朔，仿宋李成，臣唐岱恭。

（9）仿范宽山水 一轴 款：乾隆八年，孟夏，仿范宽，臣唐岱恭。

（10）仿范宽秋山瀑布 一轴 款：摹范宽法，臣唐岱恭。上方御题“神”字。

（11）仿赵孟頫笔意 一轴 款：仿赵孟頫笔意，臣唐岱恭画。

（12）仿赵孟頫山水 一轴 款：仿赵孟頫山水，臣唐岱恭画。右方上御题。

（13）风雨归舟 一轴 款：风雨归舟图，唐岱敬画。

（14）千山落照图 一轴 款：万叶秋声里千山落照时，雍正十年九月望，拟黄鹤山樵笔意，静岩唐岱。

（15）仿范宽山水 一轴 款：万叶秋声里千山落照时，乾隆元年奉敕拟范宽法，许浑句，臣唐岱恭画。御题“神”字。

（16）秋林读易 一轴 乾隆癸丑御题

（17）仿王蒙山水 一轴 乾隆丙寅御题

（18）寒山万木

（19）夏日山居

（20）秋山行旅

（21）山水 一册

凡七对幅：右山水，设色，水墨相间，左蒋薄、梁诗正、汪由敦、嵇璜、董邦达、钱维城、张若澄分题；前幅页御题。此间有句。

（22）又一册

凡十二对幅：右山水，设色，水墨相间。

标题：一仿关仝，二仿董源，三仿赵令穰，四仿巨然，五仿赵伯驹，六仿王蒙，七仿范宽，八仿吴镇，九仿赵孟頫，十仿倪瓒，十一仿黄公望，十二仿李成。每幅左梁诗正分题。

（23）归隐图

康熙六十年二月，静岩唐岱为曾川高士归隐作。收传印记：[映玑私印藏][张璇之][穆庵私玩][翠岫清溪]。

（24）仿倪瓒清閟阁图 一轴 乾隆九年孟夏，仿倪瓒，臣唐岱恭画。

（25）仿巨然山水 一轴

以上为胡敬《国朝院画录》所记唐岱在《石渠宝笈》初编、续编和三编中的作品目录[1]。其所录作品数目与我所搜集到的不同。现将我在《石渠宝笈》《石渠宝笈续编》和《石渠宝笈三编》，进行汇总。现将找到的唐岱作品进行整理，部分资料由于客观原因，可能纪录得有所不详，陆续将进行深入研究。现收录如下（作品目录见附录一，作品资料及相关图片，见文末附录三及附图、附图说明）[2]：

第一部分 《石渠宝笈》初编统计

（1）清高宗御临唐寅饮仙图并书饮中八仙歌（唐岱补树石）一卷

宣德笺本，凡二段，前段白描，画款识云：乾隆壬戌秋日摹唐寅笔。上钤：乾隆宸翰一玺。前有绘事后素，胸中长养十分春二玺。唐岱补树石后署：臣唐岱奉敕补树石八字。下有臣唐岱，恭绘二印，后段行书款识云：乾隆壬戌冬日并临。后有乾隆御笔：摛藻为春，陶冶，性灵三玺。前有含

[1] 注：画作（1）至（13）出自《石渠宝笈》；（14）至（21）出自《石渠宝笈续编》；（22）至（25）出自《石渠宝笈三编》

[2] 注：此处统计所用《石渠宝笈》及续编、三编，采用上海书店出版社，1988年10月版。

毫邈然一玺。押缝宸翰玺，凡五几暇鉴赏之玺，玺凡四卷，高九寸八分广二丈四尺一寸。

（2）山水

一卷

次等宇一 贮乾清宫

素绢本着色。画款识云：乾隆四年春日臣唐岱恭画。

（3）仿黄公望浮岚暖翠图

唐岱仿黄公望浮岚暖翠图

一卷

次等宇二 贮乾清宫

素绢本着色画款识云浮岚暖翠乾隆六年寒露仿黄公望臣唐岱恭画

（4）溪山雪霁图

一卷

次等宇四 贮乾清宫

素绢本墨画

款云：溪山雪霁仿关仝。臣唐岱恭画，上方梁诗正书御题诗云：

熏风酿暑吹楹栏，黄沈绿浮堆冰盘。挥扇那能却炎气，淋漓梅润蒸齐纨。忽展溪山雪霁图，文筵六月三冬寒。玉屏琼树数千里，中有村舍非人间。冻峡挂珠流不得，鱼矶仿佛富春滩。唐岱笔法老尤劲，鼻祖摩诘追范宽。试供病渴人清览，何须热恼愁长安。

乾隆壬戌夏日御题，臣梁诗正敬书。

（5）仿关仝翠岭丹枫图

唐岱仿关仝翠岭丹枫图

一卷

次等宇三 贮乾清宫

素绢本着色，画款识云：翠岭丹枫。乾隆六年秋分仿关仝。臣唐岱恭画。

（6）仿李成山水

唐岱仿李成山水

一轴

次等辰一 贮乾清宫

宣德笺本墨画，款识云：乾隆八年四月朔仿宋李成臣唐岱恭画。

（7）仿范宽山水

一轴

上等日一 贮养心殿

宣德笺本着色画，款识云：乾隆八年孟夏仿范宽，臣唐岱恭画，下有臣唐岱一印轴高三尺八寸五分广二尺一寸六分画轴次等。

（8）松阴抚琴图 见附录三26，附图26

一轴

次等来一 贮养心殿

宣德笺本墨画，款识云：雍正十一年春日，唐岱敬画。上方圆幅皇帝青宫时题诗云：面水临山抚素琴，无边嘉景助清音。风流画史风流笔，貌得当年知己心。癸丑小春长春居士题。并书后有宝亲王章勤学好问二玺前有抑斋一玺。

（9）风雨归舟图 见附录三59，附图59

一轴

次等来一 贮养心殿

素绢本着色，画款云：风雨归舟图。唐岱敬画。列朝人书画合轴上等。

（10）仿范宽秋山瀑布 见附录三62，附图62

一轴

次等来三 贮养心殿

宣德笺本着色，画款云：摹范宽法臣唐岱恭画，上方御笔题神字。

（11）仿赵孟頫笔意 见附录三60，附图60

一轴

次等来二 贮养心殿

素绢本着色，画款云：仿赵孟頫臣唐岱恭画。

（12）仿李唐寒谷先春（与孙祜合作）见附录三42，附图42

一轴

上等洪一 贮重华宫

素笺本着色，画欵识云：寒谷先春乾隆九年春正月奉敕仿李唐，臣唐岱孙祜恭画。下有臣唐岱朝朝染翰二印，轴高一丈一尺一寸广八尺六分，左方上御题诗云：涉海觅方蓬，登陆凌岱华。鞭石岂逵举，云軿亦难驾。平生山水心，不减东山谢。坐游千里路，兼消万几暇。李唐古之人，艺圃堪称伯。继迹羌孰能，丹青空满架。我欲传其神，求诸其匹亚。是图合作成，如集柰与蔗。奥域邃且幽，棱峯露天罅。判势异旗鼓，亲形譬姻娅。流泉寒不凝，珠颗崖间泻。精蓝隐树颠，午梵钟声罢。两山环抱处，盘土可以稼。小轩三四楹，讵必凌云榭。萧然太古民，笑傲何不嗄。梅妻微破颜，胎仙倚而讶。貌此寒谷春，信是探元化。若无李唐迹，谁辨鸡林价。图绘诚余事，今古何冬夏。无怪读书人，颓风吁日下。乾隆甲子仲春御题并书下有“惟精惟一”“乾隆宸翰”二玺。

（13）仿赵孟頫山水

一轴

上等荒一

素绢本着色，画欵云：仿赵孟頫，臣唐岱恭画。下有臣唐岱恭画二印，轴高二尺五寸广一尺七寸。右方上御题诗云：天际新螺翠欲浮，坐来九夏似深秋。岩腰古寺开青嶂，渡口欹桥锁碧流。清籁吟空金气肃，寒鸦归树暮烟收。丹青妙处夸生动，每对溪山一为留。御题下有“惟精惟一”“乾隆宸翰”二玺。

（14）千山落照图 见附录三28，附图28

一轴

次等盈一 贮重华宫

素笺本着色画欸识云：万叶秋声里，千山落照时。

雍正十年九月望拟黄鹤山樵笔意静岩唐岱。诗塘梁诗正书：

皇帝青宫时题句云：我爱唐生画，数作意未已。昨来街市中，买得澄心纸。好趁静室闲，为我图山水。着墨浓淡间，万壑秋风起。水亭跨明波，磴道延步履。斜阳映天末，咫尺有万里。瞑对意弥遥，不独披图是。位置古人中，谁能别彼此。雍正甲寅夏五月朔宝亲王题下有宝亲王宝长春居士二玺前有随安室一玺后署梁诗正谨书。

（15）夏山高逸图 见附录三61，附图61

一轴

字次等盈二

素绢本着色。画欸云：仿赵孟頫唐岱恭画前署“夏山高逸”四字。

（16）秋山不老图

一卷

次等洪一 贮御书房

素绢本着色。画款识云：秋山不老。雍正十一年八月朔，唐岱敬画。

引首皇帝青宫时题诗云：唐子胸中有庐霍，为余一写秋山状。豪端气韵擅萧疏，丘壑纵横费心匠。遠峯螺髻翠欲滴，飞龙直下喷银浪。招提想象晚钟鸣，森列松杉作屏障。我闻山水贵可居，卧游亦足娱清旷。展对萧斋秋意深，拂拂金风来几上。

宝亲王题下有和硕宝亲王宝长春居士二玺前有乐善堂一玺。

（17）与孙祜、沈源、丁观鹏、王幼学、周鲲、吴桂等合笔新丰图 见附录三43，附图43

一轴

次等昃一 贮重华宫

素绢本着色，画欵云：臣唐岱孙祜沈源丁观鹏王幼学周鲲吴桂奉敕恭画。左方上张若霭书，御题诗云：上皇不乐居关中，诏徙丰沛为新丰。通阛带阓开九市，簇簇旗亭凡五重。货别隧分庶且富，甲第连云车马凑。沽酒屠儿煮饼商，一一物色皆惟旧。老幼初来似久居，鸡鸣于埘犬守闾。统纪咸遵三辅尉，市致无烦周大胥。钩陈之外接阁道，穹隆曾命般尔巧。枍诣天梁户对开，凭轩下视凌空鸟。古今都會称长安，谁与营者匠胡寬。秖今荒土基难觅，还留图画人间看。乾隆甲子春月御题臣张若霭敬书。

第二部分 《石渠宝笈》续编统计：

（1）寒山万木图

一轴 乾清宫

本幅宣纸本纵三尺三寸，横二尺一寸五分，水墨画冬山丛树有人独游。款：一路寒山万木中。乾隆七年大寒，仿李营邱，唐岱敬画，钤印四：御赐画状元，默庄，岱字毓东，到处因循缘嗜酒。御题行书：书院当年供奉人，识其笔意此诚真。喜其已落人间久，又入石渠弃赏频。甲辰初冬御题钤宝二。古稀天子之宝犹日孜孜。

鉴藏宝玺，八玺全。

（2）夏日山居图 见附录三27，附图27

一轴 养心殿

本幅卷本。纵三尺三寸，横一尺九寸。水墨画松竹浓荫。茅堂坐对。

款：夏日山居，臣唐岱恭画。钤印二：臣唐岱，恭绘。鉴藏宝玺，八玺全。

（3）秋山行旅图 见附录三44，附图44

一轴 重华宫

本幅宣纸本。纵六尺四寸，横五尺九寸。设色画翠峦红树山阁村庐，旅客居人，酒船鼓棹。款：秋山行旅。乾隆十年冬日仿关仝。臣唐岱恭画。钤印二：臣唐岱，朝朝染翰。

鉴藏宝玺，八玺全。五福五代堂古稀天子宝。八征耄年之宝。乾隆御览之宝。

（4）秋林读易图 见附录三30，附图30

一轴 御书房

本幅绢本。纵五尺一寸，横二尺七寸七分。设色画秋山红树。界画舍宇。一人坐读。

款：秋林读易图，乾隆元年十月廿日。奉敕拟赵孟頫笔意。乾隆御题：总含平楚千章翠，户对疏峰万笏青。风散日暄秋色好，由来大地是羲经。臣唐岱恭画。钤印二：臣唐岱，朝朝染翰。鉴藏宝玺，八玺全。

（5）唐岱等合壁新丰图 见附录三43，附图43

一轴 御书房

本幅绢本纵一丈二尺横七尺一寸，设色画山水城居，楼台桥市人物诸景。

款：臣唐岱孙祜沈源丁观鹏王幼学周鲲吴桂奉敕恭画。钤印二：臣唐岱。朝朝染翰。

御制诗：上皇不乐居关中，诏徙丰沛为新丰。通阛带阓开九市，簇簇旗亭凡五重。货别隧分庶且富，甲第连云车马凑。沽酒屠儿煮饼商，一一物色皆惟旧。老幼初来似久居，鸡鸣于埘犬守闾。统纪咸遵三辅尉，市致无烦周大胥。钩陈之外接阁道，穹隆曽命般尔巧。柃诣天梁户对开，凭轩下视凌空鸟。古今都會称长安，谁与营者匠胡寛。秖今荒土基难觅，还留图画人间看。

御制诗题新丰图诗，臣于敏中奉，敕敬书。钤印二：臣敏中印，忠孝一生心。

鉴藏宝玺，八玺全。

（6）仿王蒙山水 见附录三47，附图47

一轴 宁寿宫

本幅宣纸本。纵五尺六寸。横三尺一寸。设色画秋山瀑布。茂林中茅堂连亘。两人对坐来访者二人。一叟携杖过溪桥去。溪中渔舍一人坐施罾。

款：乾隆十一年闰三月朔。臣唐岱恭画。钤印二：臣唐岱，朝朝染翰。

御题行书：形似休论刻楮工，谁能牛目辨颠翁。临平秋色知何许，只在枫丹荔白中。（王蒙粉本盖图临平秋色也）丙寅御题。钤宝三：乾隆宸翰，陶冶赖诗篇，游六艺圃。鉴藏宝玺，八玺全。乐寿堂鉴藏宝。五福五代堂古稀天子宝。八征耄念之宝。几馀鉴赏之玺。稽古右文之玺。读书依竹静。

（7）圆明园四十景图（与沈源合笔）见附录三75，附图75

二册 正大光明

本幅绢本。二册。四十对幅。每幅纵二尺，横四尺。设色画圆明园四十景。

款：乾隆九年甲子九月。臣唐岱，臣沈源，恭画。钤印二：臣沈源，恭画。对幅汪由敦书。

御制圆明园四十景诗。重华宫所藏陈邦彦御制圆明园四十景诗轴。

款：工部尚书，臣汪由敦，奉敕敬书。钤印二：臣，由敦。

前副页恭书：实宗宪皇帝御制圆明园记并皇上御制识语。御制圆明园后记。

圆明园记。

圆明园在畅春园之北，朕藩邸所居，赐园也。在昔皇考圣祖仁皇帝聽政余暇游憩于丹陵沜之涘，饮泉水而甘爰，就明戚废墅，节缩其址筑畅春园。熙春盛暑时临幸……

圆明园后记。

昔我皇考因皇祖之赐园脩而葺之，略具朝署之规，以乘时行令布政亲贤，而轩墀亭榭凸山凹池之纷列于后者，不尚其华，尚其朴，不称其富，称其幽。

后附鄂尔泰跋（略）。

（8）小园闲咏图（绘事罗珍）见附录三29，附图29

一册 静宜园（资料不详，有待补充）

本幅绢本设色。一册，十五对幅。《绘事罗珍》十八册之一。每幅纵九寸六分横七寸分。

共十五幅。见附图。

（9）水墨画（《绘事罗珍》）（资料不详，有待补充）

（10）仿各家山水（《绘事罗珍》）

一册 静宜园

本册纸本设色，一册，12对幅。《绘事罗珍》十八册之一，每幅纵九寸五分横七寸六分。康熙戊子（康熙四十七年，1708年）作。共十二幅。

凡十二对幅：右山水，设色，水墨相间。

第三部分 《石渠宝笈》三编统计

（1）仿二十四家山水（出自清宫廷十二位画家所辑的《墨妙珠林》册页，《墨妙珠林》按天干地支排序共十二册，唐岱所画排在申册）见附录三76，附图76

清 唐岱画墨妙珠林（申册）现存台北故宫博物院

查阅《故宫书画图录》第二十三册第三二六

《墨妙珠林》申册 乾清宫

本册纸本设色，一册，二十四对幅。右山水，设色，水墨相间。每幅纵一尺九寸横一尺二寸六分，全幅二尺八寸。

共仿二十四人：仿曹知白山水、仿董源、仿范宽、仿高克恭、仿关仝、仿郭熙、仿黄公望、仿惠崇、仿江贯道、仿巨然、仿李成山、仿李思训、仿李昭道、仿米芾、仿王维、仿倪瓒、仿王蒙、仿王诜、仿吴镇、仿许道宁、仿燕文贵、仿赵伯驹、仿赵令穰、仿赵孟頫。

（2）画山水

一册 延春阁

本幅纸本，七对幅皆纵一寸二分，横一寸右。幅一设色画桃坞亭欗，二水墨画竹庄烟雨，三设色画柳港拏舟，四设色画桐阴覆阁，五水墨画荻浦渔秋，六设色画江矶帆影，七设色画松崖观瀑。无款印。左幅分题。

幅一：臣蒋溥敬题钤印一溥；幅二：臣梁诗正敬题钤印一正；

幅三：臣汪由敦敬题钤印一敦；幅四：臣嵇璜敬题钤印一璜；

幅五：臣董邦达敬题钤印一达；幅六：臣钱维城敬题钤印一城；

幅七：臣张若澄敬题钤印二：臣、征。

前副页，高宗纯皇帝御题此间有句，钤宝三席上珍比德朗润。

册内分钤 宝玺乾隆御赏内服珍秘，乾清宫鉴藏宝。鉴藏宝玺，五玺全。宝笈三编。

（3）画山水 见附录三4，附图4

一册 延春阁

本幅纸本十二对幅，皆纵三寸横三寸三分。右幅画山水。设色水墨相间，各有楷书标题。

一仿关仝，二仿董源，三仿赵令穰，四仿巨然，五仿赵伯驹，六仿王蒙，七仿范宽，八仿吴镇，九仿赵孟頫，十仿倪瓒，十一仿黄公望，十二仿李成。臣唐岱恭画，钤印二：臣、岱。各幅同。左幅楷书分题……臣梁诗正敬题钤印一诗正。册内分钤。高宗纯皇帝宝玺，乾隆御览之宝，乾清宫鉴藏宝，内府珍秘。鉴藏宝玺，五玺全。

（4）仿关仝庐山白云图

一卷 延春阁

本幅纸本，纵一尺九分，横一丈六寸五分，墨画松嶝盘云，泉岩挂瀑。自题关仝庐山白云图。为海内名迹林壑位置迥出意匠之外。二十二年前，偶于苏郡友人斋中展阅数过。卷尾有董文敏题识：至今追忆恍在目前。适得胜国宣纸，摹仿其意，恭呈王殿下诲正。董跋录于右，时乾隆四年五月朔。唐岱敬画。顷游庐山，自天池策杖大林寺至厓头下视山腰。俱为云雾所断，四空濛濛作白豪，光身如在银海中。无复林麓村墟可得，以为画家未曾收此奇境及披此图宛然庐山所见也，独是日见庐山上方诸峰。亦缥缈湮没为飞烟断霭耳。丙申闰月晦日。舟次繁昌大江中书元载。分钤印：[北窗][唐岱][毓东][御赐画状元][到处因循缘嗜酒]。

（5）仿倪瓒清閟阁图 见附录三39，附图39

一轴 延春阁

本幅纸本，纵三尺七寸三分，横一尺四寸六分，设色画竹树绕屋，琴书满几。一人傍栏而眺，款乾隆九年孟夏仿倪瓒。臣唐岱恭画。钤印二：臣唐岱，朝朝染翰。轴内钤：高宗纯皇帝宝玺，乾隆御览之宝。鉴藏宝玺，五玺全。

（6）画归隐图 见附录三12，附图12

一轴 延春阁

本幅纸本。纵二尺六寸八分。横一尺五寸。设色画幽岩架屋秋色满林，石嶝盘空，泉流萦抱。款：康熙六十年二月，静岩唐岱为会川高士归隐作。钤印二：毓东名岱，静岩。鉴藏宝玺，五玺全。收傅印记。映玑私印，张璿之穆庵私秘玩翠岫清溪。

（7）设色陶縠烹雪（资料不详，有待补充）

（8）唐岱沈源合画豳风图 见附录三68，附图68

一轴 延春阁（资料不详，有待补充）

本幅绢本。纵五尺二寸，横三尺八寸。墨笔画豳风诗意。款：臣唐岱宫画山水，钤印二：臣唐岱，恭画。沈源恭画人物，钤印一：臣沈源。上方书豳风七月全篇。轴内钤：高宗纯皇帝宝玺，乾隆御览之宝。鉴藏宝玺，五玺全

（9）画风雨归舟图 见附录三59，附图59

一轴 宁寿宫

本幅绢本，纵五尺八寸，横四尺一寸，设色画山云将雨，水榭临江，双桨打风，扁舟归客。

款：臣唐岱恭画，钤印二：臣唐岱，恭绘。上方高宗纯皇帝御题神一字。上钤乾隆御览之宝，鉴藏宝玺，五玺全

（10）郎世宁唐岱沈源合画豳风图

一轴 正大光明

本幅绢本，纵一丈三寸，横七尺六寸，设色画豳风诗意。款：臣郎世宁恭画庐舍，钤印二：臣世宁，恭画。臣唐岱宫画山水，钤印二：臣唐岱，恭画。沈源恭画人物，钤印一：臣沈源。上方书豳风七月全篇。款：臣张照敬书，钤印二：臣张照，瀛海仙班。轴内钤：高宗纯皇帝宝玺，乾隆御览之宝。鉴藏宝玺，五玺全。

（11）画山水

一轴 保和太合

本幅纸本，纵七尺九寸七分横四尺四寸，设色画千叠林峦，自题万叶秋声里，千山落照时。乾隆元年秋日，奉敕拟范宽法，许浑句。臣唐岱恭画。钤印二：臣唐岱，朝朝染翰。轴内钤：高宗纯皇帝宝玺，乾隆御览之宝。鉴藏宝玺，五玺全

（12）仿巨然山水

一轴 方壶胜境

本幅纸本，纵四尺二寸横二尺六寸，水墨画山水，款：仿巨然笔法。

臣唐岱恭画。钤印二：臣唐岱，恭绘。轴内钤：高宗纯皇帝宝玺，乾隆御览之宝。鉴藏宝玺，五玺全。

（13）仿倪瓒山水

一轴 静宜园

本幅纸本，纵三尺六寸横一尺九寸，水墨画疏林远岫。

款：乾隆八年暮春奉敕仿元倪瓒笔意。臣唐岱恭画。钤印二：臣唐岱，朝朝染翰。轴内钤：高宗纯皇帝宝玺，乾隆御览之宝。鉴藏宝玺，五玺全。

以上为我所收集到的《石渠宝笈》《石渠宝笈续编》和《石渠宝笈三编》所记载的唐岱作品的汇总。可能仍有遗漏，在今后研究中，继续加以补充。

2. 唐岱作品图录统计

唐岱的作品除《石渠宝笈》及续编和三编收录的作品以外，还有很多未被收录的作品。作为对唐岱绘画风格的形成与发展其价值所在，是不容被忽视的。我所收录的唐岱作品，加以归纳，其中，大多数在画史有记载，其尺寸、质地、笔墨或设色、绘制年代可以考证，但有些作品，仅仅有记载，没有实物佐证，或者有作品存世，但无款和记载，难以确定年代。究其原因，我认为宫廷画师，本来就是为皇家服务，其作品大多为皇帝赏玩，藏于内廷，民间流传得极少。再加上历经数世，饱受战乱劫掠和遗失，所以，一些珍贵的作品难以存世。比如，《圆明园四十景图》乃是乾隆九年左右，由唐岱、沈源根据圆明园著名景群绘制的绢本彩色四十景图及汪由敦楷书乾隆帝所作四十景题咏，原存于圆明园。1860年，英法联军抢掠烧毁圆明园时被劫，现存于法国巴黎国家图书馆。1983年，法国学术界仅将四十景图咏彩色底版赠予圆明园。类似的情况也多出现于清宫廷其他画家的作品之中，由此，对唐岱作品的统计和收录是一个十分必要的工作，也为日后对唐岱进行深入研究，奠定了良好的基础。

我收集的唐岱作品主要通过查阅画册，期刊以及拍卖行记录等，经过整理，一共找到唐岱作品近百余幅，包括卷轴、手绢、册页、扇面等；又细分了纸本、绢本，设色、水墨之分别。因此，我将唐岱的作品以年代按顺序归类，年代不详的列于后，对作品的描述包括名称、形式（卷/轴/册/扇面）创作年代、尺寸、质地、款识、铃印、现所藏地等，见附录三及附图说明。还有些作品没有题款，或没有确切年代可考，则存疑不记。此外，附加唐岱印章图鉴（见附图77），唐岱弟子陈善、张雨森传世作品。由于能力有限，再加上资料搜索具有一定的局限性，所收集的作品并不详细和完整，不当之处敬请指教。

（三）唐岱作品分类与分析

1. 从"仿古"看唐岱的"南宗正统"

通过对唐岱作品的整理，我们可以看到，唐岱生平作品绝大部分时"仿古"作品。关于唐岱"仿古"的特点，主要分两大类：

第一类是临摹古画。

我所收集到的唐岱作品中以"仿"字、"拟"字、"摹"字为款识的作品，不少于十六幅。如《秋日摹巨然烟浮远岫笔意》（见附录三2，附图2）；《仿北苑山水》（见附录三10，附图10）；《拟元人山水》册页（见附录三13，附图13）；雍正八年《仿大痴山水》（见附录三19，附图19）；雍正九年《仿大痴山水》（见附录三21，附图21）；《仿关仝秋清图》（见附录三31，附图31）；乾隆五年《仿大痴山水》（见附录三34，附图34）；《唐岱摹李成雪景山水》（见附录三37，附图37）；《仿范宽山水》（见附录三38，附图38）；《仿倪瓒清閟阁图》（见附录三39，附图39）；《仿李唐寒谷先春》（见附录三42，附图42）；《仿王蒙山水》（见附录三47，附图47）；《仿赵孟頫笔意》（见附录三60，附图60）；《仿范宽秋山瀑布》（见附录三62，附图62）；《仿吴镇画山水》（见附录三70，附图70）；墨妙珠林（见附录三76，附图76）。其笔意、笔法、墨法、皴法、山势、树木、河流、云雾之形态与原作一致，形神兼备，流露出唐岱对古人古法的热衷与膜拜。

第二类是仿照古人笔意进行发挥创作。

如乾隆十年（1745年）乙丑作《泰岳苍松》立轴（见附图45）。

尺寸：86×49.8厘米，设色绢本，钤印：岱字毓东、考古、御赐书画状元。题识：泰岳苍松。乾隆十年初夏，拟王叔明。唐岱敬画。时年七十有三。

此幅作品以浅绛法绘山水景致。画面层峦挺秀，连绵起伏，佳木奇秀，蓊郁葱茏；山谷间烟云弥漫，流云浮动；湖水潋滟宽阔，明媚俊秀；沿山而下，偶见几排屋舍，错落有致。以娴熟的笔墨勾画出一幅气势雄阔，雅意怡人的佳境，给人以如临其间、如览其圣之感。画面款识提到“拟王叔明”，王叔明即元代杰出画家王蒙。《画史绘要》中说：“王蒙山水师巨然，甚得用墨法。”而恽南田更说他“远宗摩诘（王维）”。常用皴法，有解索皴和牛毛皴两种，其特纫，一是好用蜷曲如蚯蚓的皴笔，以用笔揿变和“繁”著称；另一是用“淡墨钩石骨，纯以焦墨皴擦，使石中绝无缁地，再加以破点，望之郁然深秀”。倪云林曾在他的作品中题道：“叔明笔力能扛鼎，五百年来无此君。”此幅仿王蒙之作品相尚好，细览画图，果然叔明气象：布局充满，结构狡杂，层次繁密，笔法苍秀，表现出山水的蓊郁、华滋。笔墨之功显然千锤百炼、炉火纯青，山石的勾勒与皴擦轻松逸如，卓见功底！显然是唐岱山水之精品！

由此可见，唐岱绘画风格，第一个特点，也是最大的特点就是严格以“南宗正统”为本，走“仿古”路线的“正统”山水思想。其师法古人，一方面体现了他作为王原祁弟子的“正派”身份；另一方面，由于时值清初至康熙年间，推崇汉文化，尤其喜爱董其昌的绘画和书法，因此，推崇董其昌的“南宗”思想，这也是明末“浙派”走向衰落的标志之一。而作为“南宗”嫡传的王原祁，一生走的是临古的路子，尤其推崇黄公望的风格和特点，使唐岱在绘画思想上和风格上，必然严格按照“仿古”的路线进行，进入宫廷后，受到皇帝对“仿古”作品青睐的影响，更使得唐岱在绘画技巧与风格上得到历练与加强。在清人秦祖永[1]所著《桐荫论画》中记载：

“王原祁 神品 王麓台，原祁，秉家学气味深醇，盖得力于古者深也，终年秀润，晚年苍浑，凡作一图，沉雄骀宏，元气淋漓，笔端金刚杵之语不虚也，有志笔墨者能会司农古隽浑逸之趣则得矣。批：士气作家，一格麓台，司农有之，苍苍莽莽六法无迹，长于用拙，是此老之过人处。”[2]究其笔墨雄浑、生拙的原因，在于他的画面是用干笔积墨法，先用笔，后用墨，连皴带染，用时较多，尽见功力，而耐人寻味，意境深远，古朴典雅。这也影响了唐岱。对王原祁弟子——唐岱的评价，秦祖永讲道：

“唐岱，逸品，唐静岩岱，山水用笔，沉着布置，深稳尽得力于宋人者，余见绢本中幅，丘壑位置神似司农布墨，用笔全从司农画法中脱履而出，微嫌骨骼软甜，摹其形尚未得其神也。批：画家师法前人，摹其形不能得其神，终无出路。”[3]这也许是秦祖永一家之言，但也说明唐岱确实从其师傅王原祁那里继承了宋元画风和创作技巧，但由于宫廷绘画一般都是悬挂于墙壁或屏风、装裱于镜心等，为了满足审美需要，必然进行了变化和创造，使其更加具有观赏效果，富于装饰性，而折损艺术性和个性表达，这都是当时客观存在的现象。至于他是否超越其师，还需要进一步去通过作品来探讨。下面通过分析唐岱在不同阶段比较有代表性的几部作品，可以明确地发现其对“正统山水”的“仿古”情结，以及唐岱作为“正统山水”传人的绘画特点。

（1）《青山放舟图》轴（见附录三1，附图1）

尺寸：52.5×118厘米，设色绢本山水立轴。《青山放舟图》按照款识

[1] 秦祖永（清）（1825—1884年），号楞烟外史，金匮（今江苏无锡）诸生，官广东碧甲场盐大使。工诗古文辞，善书，而于六法力深研究，山水以王时敏为宗，而神理来化；补图小品，颇擅胜场。有桐阴论画、画学心印（咸丰六年即1856年自序）、桐阴画诀。卒年六十。

[2] （清）秦祖永著《桐荫论画》首卷 “书画大家 王原祁”。

[3] （清）秦祖永著《桐荫论画》下卷 “书画名家 唐岱”。

所述，作于康熙三十一年，即1692年。右上款识：“依迟放舟楫，惆怅出松萝，忍别青山去，其如绿水何。”“康熙壬申立秋后二日，静岩唐岱写。”款末钤印：[唐岱之印]。

图中山石突兀，层峦叠错，远处，雾气隐住青山，隐隐而现，悬崖峭壁之上林木稀疏，略显荒寥，一条小径蜿蜒而下，通向溪边，其山石比例，远近错落，相互映衬，以蓝笔点染树木，显出秋色气息，足见青山妙水之色，画面右下，青松挺立，勾画细腻，溪流中二舟，其中一舟两人对坐，似低声细语，令一舟，一船夫以杆撑岸，准备开船，神态逼真，栩栩如生。岸边芦苇迎风摆动，水波荡漾，顺流之上，有二舟帆隐现，真个画面，构图工整，远近合理，用笔细腻，刚柔相济，多用中锋，山石皴法，明显仿古人笔法，以小青绿染色，突显肃穆清冷之意。树木，勾画细致、传神，可以说是精品之作。此图作于1692年，时年唐岱二十岁，可说是唐岱早年比较杰出的作品之一。此时，唐岱已经有了画名，也是我能收集到的唐岱最早的作品。从绘画风格和创作技巧来看，该作属于单纯的仿古，以形似宋元为要旨，还没有形成自主的创作风格。

（2）《夏日山居图》轴（见附录三27，附图27）

尺寸：61×104厘米，绢本设色。此图描绘的是一幅夏日山水风光图。画面上层峦叠嶂，云锁山腰。清流激洲，映带左右。长松杂树丰茂多姿，茅舍草亭错落有致，微风习习，沁人心脾。凉棚内两位老者，相对坐于蒲团之上侃侃而谈。小桥上一童携琴匆匆而归，似主人巧遇知音，急唤书童将琴取来抚一曲《高山流水》，以畅其怀令观画之人，心旷神怡。

此图十分讲究章法。采用以近次远、既高远又近探的构图技法，近景为坡石从林、小桥流水人家，远景为层峦叠翠、云烟萦绕。画面左下为山花坡脚，三五棵茂盛的大树高松，或耸直而凌云，或倾斜而探水；小桥卧波，以通往来；茂林掩映，村舍茅屋。而后是崇山峻岭，恰似“白云生处有人家”。画面的右下是碧水溶溶，烟波淡荡。逆源而上，溪水潺潺，两岸树抄柳梢，摇曳多姿；峡谷丛林，台榭隐露；瀑布练飞，似有奔腾之声。其山势或尖或平，或低小一层，或重叠数层，或雄浑峭拔，或苍润明秀。主峰靠左而不居中，让出较大的空白为天际，使峰峦满而不塞，缥缥缈缈，穷其奥妙，夺其造化。

在用笔上，技法纸熟精当，刚中带柔，能放能收，笔笔中锋，务使枝叶生动飘荡，坡石磊落苍秀。为助山势苍茫，在果光不显，阴凹不深处使用点苔之法，用笔如蜻蜓点水，有浓有淡，有散有聚，大小相间，恰到好处，增添了一番精神。

画面设色清新，近景多用绿色或小青绿，冷色占比重大。远山、水泊多用淡黄色，暖色的比重大。冷暖交替，既表现了绿洲青翠，又突出了夏日炎热气氛。而色彩浓淡、状物大小的变化，又产生了良好的透视效果。

画面左下角有小字署款“夏日山居，臣唐岱恭画”；钤两方：印文一为白文印“臣唐岱”、一为朱文印“恭绘”。

夏日山居，源于宋郭熙《林泉高致集》：“夏山烟晓、夏山烟晚、夏日山居、夏云多奇峰，皆夏题也。”元王蒙亦有《夏日山居图》传于世，且绘画技法上二图颇有相似之处。可见此图从技法到画题均是有所师承的，属于当时宗法宋元，讲究笔墨趣味，技巧功力颇深的正统画派的代表作。

这幅作品经考证是唐岱在雍正十二年（1734年）三月初一日，特受雍正皇帝的诣命，为庆贺端阳节而作。为了得到皇帝的青睐，唐岱尽力遵照皇帝的要求和意志，扬其所好，避其所恶，殷勤备至。这幅刻意之作，雍正皇帝是否赞赏，已不得知。一年后，雍正去世，弘历继位。乾隆皇帝见到这幅作品大为赞赏，在画面的右侧由上至下钤有“乾隆御览之宝”“石渠定鉴”“宝笈重编”“石渠宝笈”，在左侧由上至下钤有“乾隆鉴赏”“养心殿鉴藏宝”“三希堂精鉴赏”“宜子孙”，计八玺。从收藏印可以知道，此画藏于养心殿，入选《石渠宝笈》，并被定为精品，再入重编。嘉庆时，在画面的上中部，钤椭圆形朱文印“嘉庆御览之宝”。传至宣统，又在“嘉庆御览之宝”之下钤朱文方印“宣统御览之宝”。

此作乃是唐岱中年之作，笔法纯熟，渐入佳境。由此图可知，唐岱已经在绘画方式上从其师的单纯仿古走向了新的阶段，加入了自己的创造与革新，这也为他日后在乾隆时期创作大量精美作品奠定了基础。

（3）《刘长卿诗意图》轴（见附录三55，附图55）

尺寸：44×83厘米，绢本设色。右下款识：“图刘长卿诗意。唐岱敬画”，下钤“岱”“毓东”（白方）印二。左上行书唐代刘长卿“孤城背岭寒吹角，独戍临江夜泊船”诗句，首钤“御赐画状元”（白方）印一，左钤“考古”“志之于心”（白方）印二。

图中林间茂密，山峰连绵起伏，浓云厚雾萦绕山间。山冈树林之后，一座孤城隐隐若现。只见城门旗杆高挑，城身隐没于林木白云之中。山下江河堤岸曲折蜿蜒，错落有致，小桥将两岸连接，似可通向画外，意境着实令人回味。临江岸边敌楼高筑，水中几艘帆船桅杆高耸，停泊岸边。从画面上孤城、敌楼、泊船以及半山腰上整齐的军营的安排，不难看出，画家是按照诗人刘长卿所描述的景致进行创作的，但不免让人有为诗意进行图解的感觉。

此图在用笔、用墨上多承继前人的传统，用笔潇洒细致，先以水墨勾披，再以浅绛色渲染，这也是董其昌最典型的特色，由此可见，其师承“南宗”的特点。画面色彩雅致，皴法紧凑，系从王原祁干墨皴法中来，但较之更为工致细腻，具有较强的装饰性。这与其在宫中供职的特点不无关系。在构图上，画家采用全景式及高远与平远相结合的构图方式，增强了画面的立体感和深远感，画面上部，不落点墨，以形成高远空旷的艺术效果。

《刘长卿诗意图》未记具体创作时间，但从画面左上方所钤“御赐画状元”印章来看，此图作于康熙朝以后，因为唐岱的“画状元”称号是康熙晚年封赐的。此图在技法上已经十分成熟，与他晚年的一些作品，如乾隆十年所作《层峦烟霭图》等风格十分接近，可能系进宫供职以后所作。据乾隆元年《造办处·各作活计清档》载："七月初二日，画画人沈源来说太监毛团传旨：着唐岱、陈枚、金昆、卢湛、沈源各画唐人诗意绢画一张。钦此。"其中"唐人诗意""绢画"两项要求均与此图相符，是否即为此件，目前别无佐证，尚难确定。但此图出自唐岱晚年手笔，这一点则是可以肯定的。

通过以上三部作品，我们可以总结出来，唐岱的绘画风格，由最初其师王原祁的单纯"仿古"，逐渐走向从"仿古"到"脱古"的思维变化。一方面是宫廷绘画的需要，另一方面，也是唐岱总结自己数十年绘画经历的一种升华。这也正好印证了"吴派"董其昌注重师法传统技法，追求平淡天真的格调，讲究笔致墨韵、墨色层次分明，拙中带秀、清隽雅逸的风格。所以，看唐岱的作品，总会给人一种古朴而又温润的感觉。

2. 从合笔看唐岱对西画风格的态度

从唐岱艺术活动简略年表来看，他除了独立进行创作，完成皇帝的要求以外，还经常按照旨意与其他宫廷画家进行合作，创作巨幅作品。提到唐岱的合笔画，有两个人必须要谈到：一个是乾隆皇帝，另一个就是西洋宫廷画师郎世宁。

乾隆皇帝在众多的宫廷画师中，最看重的就是唐岱和郎世宁[1]。

---

[1] 郎世宁：（Giuseppe Castiglione，1688—1766年）意大利人，原名朱塞佩·伽斯底里奥内，生于米兰，清康熙帝五十四年（1715年）作为天主教耶稣会的修道士来中国传教，随即入宫进入如意馆，成为宫廷画家，曾参加圆明园西洋楼的设计工作，历任康、雍、乾三朝，在中国从事绘画达50多年。由于郎世宁带来了西洋绘画技法，向皇帝和其他宫廷画家展示了欧洲明暗画法的魅力，他先后受到了康熙帝、雍正帝、乾隆帝的重用。他是一位艺术上的全面手，人物、肖像、走兽、花鸟、山水无所不涉、无所不精，成为雍正帝、乾隆帝时宫廷绘画的代表人物。他的代表作品有《聚瑞图》《嵩献英芝图》《百骏图》《弘历及后妃像》《平定西域战图》等。

首先，王原祁等老一代有影响的宫廷画师离开宫廷后，其中佼佼者就是唐岱，代表了当时清廷中“正统山水”画的最高成就，是宫廷山水画的统领人物，能与其匹敌的只有老一代的宋骏业[1]和穆僖[2]，其中，唐岱与穆僖二人，世称“东唐西柳”。比较擅长山水画的还有沈源、沈喻、董邦达、张若霭、钱维城、张若澄等，画画人有张雨森、张宗苍、方琮、缪秉泰等。因此，也就不难理解，为什么乾隆登基前就与唐岱私交甚密，而唐岱在乾隆朝得“御题最多”。因为，唐岱让乾隆皇帝看到了当时绘画的主流风尚，并且用汉文化博大精深感染了这位热衷艺术的皇帝，而唐岱所坚持走的“正统山水”路线也正合圣意，所以，乾隆最看重的一个画师就是唐岱。

其次，郎世宁所擅长的西洋画法，即固定视点和衬托阴影的表现方式，使画作呈现出中国人前所未见的立体幻觉，深得乾隆喜爱，因而成为乾隆的御用画师。帝、后的肖像画几乎全部出于其手，可见，乾隆对西洋画法的喜爱和推崇。

再次，乾隆皇帝非常希望中国画的意境之美与西洋画的真实之美能合二为一，最理想的就是唐岱与郎世宁的合作。这可以说是乾隆皇帝的一种创意或喜好、趣味，也可以说是一种宫廷绘画的取向。由此，唐岱与郎世宁的合作与相互影响就产生了。唐岱在画作中或多或少都受到西画因素的影响。比如，将具有透视感的庭院建筑与山水环境相结合，如唐岱的《四十景图》（见附录三75，附图75），严谨的透视原理的运用，将庭院融入山景中，体现出强烈的空间感，山石树木的写实性与建筑的写实性相融合，

[1] 宋骏业：（？—1713年），字声求，号坚斋，一号坚甫，江苏常熟人，一作长洲（今江苏苏州）人。官兵部左侍郎。善书画，笃好山水，因绘南巡图聘王翚于家而画学大进，曾为纂修佩文斋书画谱总裁官。作宋元人小品，清韵可挹。

[2] 穆僖，清宗室。一作穆熙。原名马熙，字柳泉，号晚问（一作闻）堂主人。满洲镶蓝旗人。耽吟喜画，性尤倜傥。慕义家贫，不能济物。常穷日夜作书、画，以应人之缓急。画学王原祁，与唐岱齐名。各居一城，人称之曰：东唐西柳。

这是中国传统绘画所不具备的特点，不同于以往山水画的“三远法”[1]。如果说唐岱与郎世宁的合作是一种由帝王所要求的被动，那么，把这种被动变成可能的，便是焦秉贞的“中体西用”的风格对唐岱的影响。作为焦秉贞的弟子，唐岱必然受到其绘画风格的影响，工整细腻，在其作品中有所表现，这也是为什么唐岱的画作没有王原祁那么豪迈与拙古的原因之一。

唐岱和郎世宁合作的另一幅精美作品《松寿鹤灵》（见附录三24，附图24），则是中西合璧的完美体现。此画构图紧凑，画面协调，取材于中国传统的祈福祝寿题材，全图用笔工细，没有合绘的痕迹，画面兀立一石，石前石后老松二株。松下二鹤，一倾身回首而立，一抖翅起舞，形象生动逼肖；并用秋草、灵芝、野菊等点缀画面，笔法工致精细，不失为中西合璧的典范。

同时，郎世宁的绘画也受到唐岱的中国绘画思维的影响。两人合作的《八哥花鸟图》（见附录三40，附图40）就给郎世宁的画风打上了很深的中国画印记。这可以说是一种妥协，也可说是一种变通。不管怎样，唐岱还是在传统山水画的基础上，尝试了西画的特点和风格，做出了一些改变和更新，以适应皇家审美需要，不能就此定性为“中体西用”，推陈出新。

[1] 北宋郭熙：《林泉高致》的说法，其具体内容为：由前山而望后山，谓之平远；由山前而窥山后，谓之深远；由山脚而仰山巅，谓之高远。

三

唐岱《绘事发微》浅析

唐岱不仅以画艺高超闻名，同时，他时刻不忘自己“正统师传”的身份，以前人所言之精华及半生对绘画的感悟、理解，著有《绘事发微》一书，传于后世，成为画史当中十分重要的一部绘画理论著作。此书，从理论到实践，多讲绘画技法，文字流畅，浅显易懂，被世人传阅，而且其中所讲的技法和绘画思想，对于绘画的品评、技法的学习，以及品德的修养，都显得弥足珍贵。也因此书，唐岱与其绘画作品并传于世。在当时内廷供职的宫廷画家中，既能作画，又有画论著作传世者，实属难得。此书大约于康熙五十六年（1717年）成书。该书不分卷，以二十四篇论述作画的方法及要点。因此，此书代表了唐岱山水画技法和思维的根本所在。

（一）《绘事发微》版本及其他

1.《绘事发微》的结构、成书时间与版本

《绘事发微》一书，最前有康熙五十七年（1718年）陈鹏年作序一篇。所述大体讲国画中有形与无形的关系，即技巧上达到形似，品格情调上要达到神似；同时，指出唐岱所著此书其中心是倡导以无形为核心的思想，很符合中国传统“道统”思想的精髓，以对荆浩[1]所指出的“有形”“无形”“二病”之说[2]，加以诠释；其间，还提到了唐岱的身世。然后是康熙丁酉（康熙五十六年即1717年）沈宗敬之序，主要讲述了唐岱生平和此书对于绘事及国家的积极意义，为研究唐岱的身世和绘画思想，提供了重要的价值参考。后有康熙五十五年（1716年）的作者自序，讲其半生对绘画的热爱之情以及作此书的目的。接着是乾隆四年（1739年）慎郡王题[3]《画

[1] 荆浩，五代后梁画家。字浩然，山西沁水人；一作河南沁阳人。生卒年不详。一介儒生，博通经史诗文，又工画，尤妙山水。唐末避乱隐居太行山洪谷，遂号洪谷子。荆浩作品只有《匡庐图》尚存，其他均已失传。

[2] 荆浩《笔法记》：“二病”即：有形之病与无形之病。

[3] 允禧（1711—1758年），康熙第二十一子，封慎郡王，谥靖。字谦斋，号紫琼，别号紫琼岩道人、春浮居士等。善书画，擅长山水、花卉，“笔致超逸，画风清淡，”时人评为“本朝宗藩第一”。亦能诗，集有《花间堂诗钞》《紫琼崖诗钞》等。

山水诀序》。《昭代丛书》版本，书后有杨复吉的跋[1]。

书乃概论画山水，而多言作法。书分二十四篇论列：一、正派；二、传授；三、品质；四、画名（有因画而传人者，有因人而传画者）；五、丘壑（各具结构，方成丘壑）；六、笔法；七、用墨；八、皴法；九、着色；十、点苔；十一、林木；十二、坡石；十三、水口；十四、远山；十五、云烟；十六、风雨；十七、雪景；十八、村寺；十九、得势；二十、自然；二十一、气韵；二十二、临旧（唐岱曰：“落笔要旧，景界要新。何患不脱古人窠臼也”）；二十三、读书（读画学书，经史诸子百家书）；二十四、游览（唐岱曰：“故欲求神逸兼到，无过于遍历名山大川，则胸襟开豁，毫无尘俗之气，落笔自有佳境矣。”）。此书所论多据前人之说推理寻绎，发前人未发者少。其可贵之处，“游览”一篇，在临摹古画风靡之时，而言画家须游览名山大川，考察山水形制，比王原祁单纯临摹古人，更高一层。

此书大概撰成于康熙五十五年至五十七年（1716—1718年）之间。因为根据沈宗敬序中所言：“先是，先生有论画书未脱稿，余屡索之不可得。今岁之春杪，余以休沐余闲，相从竟日，极论画理。先生书适成，乃亟取展读，则荆、关、董、巨诸大家所为得意磅礴、妙绝今古者，俱一一浮动于楮墨之间。”从这句可知，唐岱的《绘事发微》准确的成书时间应该是康熙五十六年，即丁酉年。

[1] 杨复吉，（1747—1820年）清藏书家、学者、字列侯，号慧楼。震泽（今江苏吴江）人。乾隆三十七年（1772年）进士。拜王鸣盛为师，王鸣盛主讲笠泽书院，相互讨论古今之事。家富藏书，古文说部，观览数遍，文名为时所重。有书楼名“香月楼”，每日著述读书其中。著有《梦兰琐笔》《昭代丛书续集》《史余备考》《香月楼学古文》。编辑有《辽史拾遗补》《元文选》《元稗类抄》《燕窝谱》等。

2.《绘事发微》的版本

关于此书的版本，据谢巍《中国画学著作考录》[1]所记有以下十七个版本，原文如下：

（1）乾隆四年（1739年）刊本。

（2）道光刊《昭代丛书》本。

（3）《花近楼丛书》本（北图）。

（4）《绘事啐编》本。

（5）《巾箱小品》初集本。

（6）《四铜鼓斋论画集刻》本。

（7）《清瘦阁读画十八种》本。

（8）《古今文艺丛书》本。

（9）《艺海一勺》本（按：此本题作《画山水诀》。）

（10）《诸家画说》本。

（11）近代红格抄本（上海图书馆）。

（12）《美术丛书》本。

（13）于安澜辑《画论丛刊》本。

（14）沈子丞辑《历代论画名著汇编》本。

（15）俞剑华辑校《中国画论类编》本。

（16）《丛书集成续编》第八十五册。

（17）《艺术丛编》第一集《清人画学论著》本。

本书选取了于安澜辑《画论丛刊》本的全文置于附录四。

---

[1] 见谢巍《中国画学著作考录》，上海书画出版社，1998年7月，第六卷，499页。

3.《绘事发微》与《山水纯全集》异同

唐岱所著《绘事发微》凡二十四篇，其体例几乎涵盖了山水画作的各个方面。内容上多从技法和心得上进行展开详细讲解，而且十分注重画者的自我修养与“气韵”的养成：在最后一篇《游览》中，作者大力提倡画家应深入其境，饱览大山名川，才能达到“神品”的境界。这在当时画坛以摹古为本的风气下，确实代表了一种难能可贵的精神。从文章结构来看，讲山、水、石、树、云、雨、雪等，与宋代韩拙[1]所作《山水纯全集》十分相似，由此，而说《绘事发微》其意得自《山水纯全集》。提出此观点的是余绍宋先生，他指出：“……虽多言做法，而通体论列与山水纯全集同，故仍列入此类。”“……至笔墨蹊径颇类纯全，论议中亦多推演纯全之说，乃其读书篇中列举学者应读之书而独不及纯全之作，文人因袭往往讳所自来，不谓静岩亦染斯习也。”[2]

按照余绍宋先生的划分方法，《山水纯全集》分为十篇：一论山，二论水，三论林木，四论石，五论云霞、烟霭、岚光、风雨、雪雾，六论人物、桥彴、关城、寺观、山居、舟车、四时之景，七论用笔、格法气韵之病，八论观画别识，九论古今学者，并自序共十篇，附、论三古之画过与不及。只看结构，确实与《绘事发微》有类似之处。

韩拙指出，作画者要“清幽自适、销日养神”，反对以绘画“图利劳心”，这与唐岱在“画名”中的思想有异曲同工之效。韩拙主张画山水既要“笔以立脚点其形质，墨以分其阴阳”，又要“格法”；主张“用笔必先求气韵，次采体要，然后精思”，足见其对“有形”之格法的重视，这与唐岱所著《绘事发微》的主旨一致。由此可见，余绍宋先生说得不无道理。两部

[1]　（宋）韩拙，字纯全，号琴堂，晚署全翁，南阳（今河南南阳）人。生卒不详，宣和（1119—1125年）初授画院祗候，嗜画成癖。善画山水窠石，著《山水纯全集》。

[2]　余邵颂《书画书录解题》，北京图书馆出版社，2003年3月版，271页，卷三。

著作都有以下相似之处：

在创作观上，强调淡泊名利，博学广识，求古法，写真山，得山水真理。

在山水笔墨运用上，注重自然气韵，以气生意。

在山水画的欣赏和创作上，推崇淡泊名利，先看风势气韵，后看格法高低，以人品求画理。

这是因为，二者都是北派山水的坚定拥护者，其思想上同源，所以对绘画的理解是相通的。但是，就此断定《绘事发微》乃出自《山水纯全集》之论，就有点一家之言，阅读全文后，不难发现二者有很多不同之处，不仅仅是技法上的比较，在思想上，二者也不尽相同。通过对《绘事发微》二十四篇的分析，能够明确地发现唐岱对于绘画技法有自己很独到的心得。

比如，墨分“干、湿、浓、淡、焦”五色，唐岱又加入了第六色——白，即构图中的留白处理，很有创意，并且详细论证了“白”的用法与心得，这是超越前人的理解。究其根本，唐岱的画论思想来源于古法和宋元时期的风尚。如果说董其昌主要是在美学立境上强调了“以禅入画”的禅宗喻诗说、“行万里路、读万卷书”的体验说、文人画“启人之高志、发人之浩气”的士气说，且以士气为根基，以南宗为气脉的复归思想。那么，唐岱就是在此基础上，秉承此一脉，并发挥到了极致。董其昌虽以倡扬文人画家，贬抑工匠画家、职业画家为表，实际上却以重临摹、重笔墨、重心向、重真率为里，而且，“四王”的绘画艺术善于夸张提炼，加入自我情绪，讲究笔墨功夫，形成文人画，是潜心研究的结果，唐岱继承并发扬了这一特点。

（二）《绘事发微》各篇画理评析

正派

开篇所讲，先把画史略说，然后就“正派”“正传”的说法，表达自己的见解。从两个方面可以理解唐岱关于“正派”的理解。首先，由于唐岱师从王原祁，继承了董其昌“扬南宗，抑北宗”的思想，而且此时，青绿山水也走向式微，出于门户之见，必然对以戴文进、吴小仙、谢时臣等为代表的青绿山水画家心存偏见，这一点不难理解。同时，中国山水画一直被视为中国画的主导，代表了一种中国独特的世界观和艺术观。而唐岱所作的就是回归宋代山水画那种追求感悟和意境的绘画思想，是绘画历史发展的必然。另一方面，正派思想也体现了唐岱对于艺术教育思维的理解：绘画一事，虽然需要画家在技法、气韵等方面做到淋漓发挥，更是需要创作者在创作过程中重视体会与把握艺术作品的本体，否则，作品体现出来的只有匠气而无魂魄。从这个意义上来说，唐岱的绘画教育思想是从一个较高的境界和层次指导学画之人，拔高了学画之人的出发点和艺术方向。这也正是“文人画家”气质在唐岱身上的一种体现。尽管为宫廷服务，但他始终没有忘记文人画家的那种脱俗气质与对绘画的理解和把握。因此，开篇既是讲门派，也是讲绘画的出发点和路径。

传授

继正派之后，唐岱进一步说明了正派师承的重要性，认为选对了老师后，必须按照正确的步骤去做，才能学有所成。具体来说，分三个阶段：第一，由名师引入门径，包括作画的立意、构图等都要由师承严格指导，以免误入歧道，并在老师一步步的指导下，明白绘画的要旨；第二，笔墨之法纯熟后，开始临摹古画，理解古人思维，“多临多记”，正如我之前说的“仿古”是唐岱主要的思路，也是其师王原祁的主要基础。第三，到达一定阶段后，开始自主创作、发挥，即为“脱古”。到达这个阶段，就开始“只可意会”的境界了。此时，能否超越师承，就看自己的悟性了。这种“南宗”的顿悟思想，其实质还是以严谨的治学和扎实的功底作为基础。所以，与其说唐岱看不起“北宗”，不如说，他更赞同“南宗”更高的追求。

品质

“品质”一篇，与其讲画品，不如说是讲对人品的要求。古人作画，必须心志高远，才能心无俗念，笔端不落尘埃。李思训、李成、吴仲圭、倪云林、黄公望等书画大家，都是人品高洁之士，这一方面表达了唐岱对先贤的敬仰，同时，也包含了他作为宫廷画师，虽然入世，但依旧时时洗心，不为世俗所动的思想，为后人学画树立了一个榜样和范式。

画名

在这一篇，唐岱指出：有人因名而存画于世，流传下去，这种情况多；有人因画而留名，被世人记住，这种情况很少。前者，多是达官贵人；而后者，多是寒门之士。但不论如何，都需要通达笔墨章法与绘画的精要，才能成功。这表明要画出好的画作，必须有扎实的功底和与之相应的品质，否则，难以达到妙品、神品和逸品的境界。由此可以看出，唐岱与历代山水画家在这个方面都是有共识的。把品性和修养放在绘画之上，这也就是文人画家的根基，也是中国传统儒家“道统”根源的体现。

笔法

唐岱在该篇中所讲“中锋之说，非谓把笔端正也”，与董其昌和笪重光[1]所理解的中锋侧锋并用的笔法不同，而且，他对于前人中锋的用法，也有所变化。他认为凡是能自如运用笔尖的锋芒画法，都可以用到中锋，不管笔端是否端正。这种说法是一种比较独立的说法，从历史角度看，只有沈灏[2]与其思想有近似之处，余者均与唐岱的理解不同。“寒山凡夫与予论笔尖、笔根，即偏正锋也。”[3]中锋，简单来说，就是正行走笔时的笔锋。如果正行走笔的时候，用的笔锋属于正锋，那么，侧锋也是绘画中经常用到的，其效果也不逊于笔尖的中锋。因此，唐岱所讲的用中锋，实质上也是中锋、侧锋并用。同时，唐岱指出前人所讲的用笔三病，“一曰板，二曰刻，三曰结”，并提出解决的办法：“能用笔锋者，又要练笔。”何以练笔？“不时摹仿树石式样，必使枝叶生动飘荡，坡石磊落苍秀，方可住手。”可见，他尊重师承，这是对王原祁“仿古”的一种认同，效法古人，才能超越古人。

---

[1] 笪重光：清朝画家。字在辛（1623—1692年），号江上外史，自称郁冈扫叶道人，晚年居茅山学道改名传光、蟾光，亦署逸光，号奉真、始青道人，江苏省句容人。一江苏丹徒人作。顺治九年（1652年）进士，官御史。以劾明珠去官。工书善画，与姜宸英、汪士鋐、何焯称“四大家”。精古文辞，康熙十一年（1672年）尝作《仿元人山水》轴，著录于《虚斋名画录》。传世作品有顺治十七年作《松溪清话图》。

[2] 沈灏，明（1586—？）沈周门下，与文徵明、唐寅等人同门。其为董其昌代笔。松江派画家。有《画麈·分宗》画论传世。

[3] 见沈灏《画麈》“画诀卷”。

用墨

在国画表现中，以墨为主色；在墨色运用中，以用笔见高低。笔墨成为中国画发展中审美精神的终极。清人华琳在《南宗诀秘》[1]中说："墨有五色：黑、浓、湿、干、淡。五色备者光怪陆离，斑斓夺目。较之着色画，尤为奇恣。"《绘事发微》中进一步提出"六彩论"：在五墨之外添加了一个"白"字，即以宣纸留白作为墨法运用。这便成了唐岱所说的"墨色之中，分为六彩"的用墨观，促使笔墨的理解更进了一个层次，"纯粹色彩"概念在国画表现中越发淡化。

皴法

按照唐岱在文中所列的皴法：张僧繇，有染而无皴；李思训，小斧斫皴；王维用雨雪皴，又谓之雨点皴。"荆、关、李、范，宋诸名家皴染，多在二子之间。""董源用披麻皴。巨然继之。"夏圭、马远，用侧笔皴，谓之带水斧斫。又有解索皴、卷云皴、荷叶筋之皴。郭熙原用披麻，至于画石，用笔多旋转似卷云。王叔明用长皴，再加上赵松雪，此三家皴法系披麻皴的变化。"皴用干湿，染分浓淡。总之，皴要毛而不滞，光而不滑，得此方入皴染之妙也。"这些皴法和名称基本都是前人著述所列，不是创新之言。从董其昌"南北宗"论出现以后，各流派对皴法的继承和发展各不相同，可以说，唐岱所列的皴法都出自董其昌的《画禅室随笔》所记载的皴法。明清以后，董其昌为"正统山水"树立了典范和规矩，"正统山水画家"基本都按照他的讲法作画。但古人不是一成不变的，他们往往会根据兴致与需要，不断变化技法，以满足笔意的需要，不能单纯地说哪家固定用哪家的皴法。作画不在于皴法的区别，也不在于皴法的多少，而在于用笔，即

[1] 华琳（清）字梦石，天津人。善画。尝著南宗抉秘，专论南宗写山水之法，言用笔用墨者居多。有道光二十三年（1843年）离凤喈序及自序。

皴法实则笔法。这种认知是比较中肯的。不过，唐岱这里说得不是十分透彻。在清人笪重光的《画筌》中讲道："从古画家，各立门户，皆由皴法不同。自唐五代南北宋以至元明，其笔法有如方枘圆凿之难入者。然其中自有一贯通之理，故能精于一家法，而得其变化离合处。则诸家画法一以贯之，更无凝滞。今人之蔽，只在不能专攻一家，故诸家皆无入处也。观此论皴法精详，开墨妙之玄秘，补前人之缺略，真六法之微言也。画中惟皴法最难，所宜亟讲。各家画法，未易兼综，然须画北宋，勿使一笔入南宋法；画南宋，勿使一笔入元人法；画元人，亦勿使入南宋诸家法。诸家各有门庭，勿相混淆。惟通其理而化其偏，读此可以豁然开悟。"可以想见，唐岱由于自视"正统山水"，对于北宗必然有所保留，不能说得太过分，但其思想自然还是博采众长之意。

着色

唐岱认为中国山水画可以很好地表达山水的精神，山水的精神即人的境界和品质，但要表现四时变换，则必须借鉴色彩来表现。一方面，唐岱认为，春夏秋冬单纯用墨色来表现，有所欠缺，缺乏生气，要借用设色来使画面鲜活；另一方面，唐岱的说法也不尽然，有些武断。古人作画，有些没有属上题款，对于我们理解画作所表达的主旨造成困难，这就难以理解画作的精神。再有，如果绘画境界没有达到一定水准的画家来表现作品，很难画尽其意，只能假以设色来实现自己的目的。对于唐岱在文中所述的四季景色的表达，大体上与韩拙的《山水纯全集》中的"四时之景"和郭熙[1]所述类似。所以，关于设色，唐岱还是遵照前人古法，抒己之感。

[1] 见（宋）郭熙《林泉高致》"画诀"卷，记载四时景色变换之法。

点苔

点苔，最重要的在于恰到好处。点苔不当，就会破坏整个画面的美感。历代画家和理论家都注重点苔，其作用相当于画人物的点睛。唐岱所言点苔，继承前人之言，比如《绘事微言》中，明代唐志契[1]说："画不点苔，山无生气。昔人谓：'苔痕为美人簪花。'又谓：'画山容易点苔难。'"而且，唐岱将这一思想详尽地阐述出来，加以完善，即"圆者笔笔皆圆，直者笔笔皆直，横者笔笔皆横，不可杂乱颠倒，要一顺点之"。古人笔墨崇尚变化之法，画树石，用多种笔法，富于变化，唯独点苔，不可多用，很少有一幅作品中用多种方法点苔。点苔笔法也没有交错的方式，这就印证了唐岱的这一想法。一幅画的精神，聚集与焕发与否，俱看点苔好坏。笔法杂乱，则神散。在山石周围点，是点苔的大忌。这些都是前人所未发的言论，足见唐岱多年绘画经验所得之心得。

林木

这一篇基本都是古人之言：点叶深浅——龚贤之说[2]；用笔曲折——董其昌之说[3]；笔有四势——荆浩之说[4]；树为山衣——韩拙[5]之说。

---

[1] 唐志契：［清］（1579—1651年）字玄生，江苏扬州人。一作海陵（今泰州）人。诸生。精绘事，常游名山大川，经月坐卧其下，故画笔清远，有元人风。著《绘事微言》。卒年七十三。

[2] 龚贤（1619—1689年），字半千，又字野遗，号柴丈人、半亩，江苏昆山人。工于山水，师法董源、二米、吴镇、沈周，善于用墨，继承和发展了宋人的"积墨法"，山石树木，大都经多遍勾染皴擦，墨色浓郁，对比强烈，被称为"黑龚"，如南京博物院藏《千岩万壑图》卷。"点叶深浅"见龚贤的《画诀》。

[3] 见董其昌《画禅室随笔》卷二。

[4] 荆浩《笔法记》："画有六要""笔有四势"。

[5] 见韩拙《山水纯全集》。

坡石

论石，唐岱首先讲画石，要处理好石的大小关系、位置关系，要做到大小适宜、错落有致。论把握石的形态方面，都是承袭了前人流传下来的说法。关于其所说“今人作画，不知古人格法，任己意落笔，从山脚画起，以碎石攒成大石，以大石叠垒成山，直至垒到山头方始住手。是所谓堆砌也……”的观点，最早出自董其昌之口：“今人从碎处积为大山，此最是病。”[1]唐岱在论山势气脉时说：“画山大病，最忌山脉不连络，气势不贯串。”也是发前人所言。但他把这两个观点有机结合，很好地解释了为什么画山气脉不连，在于石碎，指导后人画石，有指点迷津之意。

水口

唐志契在《绘事微言》中也仅仅在画水方面写了“水口”一篇，估计唐岱对唐志契的论述是比较认同的。从“水口”出发，进而论述沙汀、烟渚、芦草、水禽、舟船等。而水画，不仅仅水口，估计唐岱可能是以此为端，概论画水的心得。

远山

“远山”一篇，大概出自唐志契《绘事微言》的观点。山势在构图中十分重要，起到了重要的烘托和映衬作用。其中“古人画山或不作远山”“远山要有笔法”“远山之忌”三点，是唐岱关于画远山的精妙所在。

云烟

关于云烟之法，唐岱所讲的“四时之云”的画法、“云烟雾霭”的叫法，与《山水纯全集》相同，不过其独到的见解是，古人之所以画云烟雾霭，

[1] 见董其昌《画禅室随笔》卷二。

是为了遮掩丘壑的不足，这一点具有独创性，前人未曾有言。

风雨

雨的画法，唐岱之言超越了前人：“雨有迹，画无迹。”这六字准确地诠释了雨景的特点。如何表现雨的特点，唐岱指出，渲染云气下降，以顺风势，用隔岸人家的若隐若现、树木枝叶的低垂来表现雨雾。这种衬托法是中国山水画惯常之方法，也是唐岱雨景画法的一种总结和继承。

雪景

唐岱认为，画雪完全要用墨渍为底，以纸张的白色为雪，绝不用粉。他运用了绘画技巧中的衬托之法，突出了以暗淡为基调的画法，在石的凹处皴染，平整处留白，白即是雪。这种画法，从哲学上体现了道家的思想。他贬低那些用粉后，以白笔勾勒的做法，但古人惯用此法。宋代的院画、明代的“浙派”多有运用。我觉得这是唐岱考虑画面整体韵味后，做出的一种选择。

村寺、丘壑

二篇属于绘画中的点缀之法，与韩拙的《山水纯全集》有同工之妙，但没能超越前人。

得势

凡山右形体位置，画山水就在于取合适的形势。山的形体，如人的骨骼，骨骼不对，人也无法活动，也就没有生机。因此，如果位置不当，如何能够得势？得势就是论画法当中的位置之法。其中有两个主要方面：一是按照郭熙的观点：山之形势处处变换，称“山行步步移”之说；二是主山为尊，务必高大雄浑。这样，所做山水才有势，也才可以为作品定局，因此，起稿定势对于画山十分重要。

自然

天地万物、宇宙自然，所有事物都是相生相消，互相配合，互相补充的。从这个意义上说，宇宙自然是和谐的。自然和谐构成了宇宙的运动和发展，这也是道教对美学的阐释。唐岱就作画而言的“自然”，其实表明了太极阴阳和谐的重要意义。因此，他强调要在作品中反映自然的命理，其根本还是严谨地学习和刻苦地磨炼，这是通达最高境界的唯一途径。这一点从侧面印证了南宗虽然对北宗不屑，但本质上是非常注重修为的，这也是南宗能够统领画坛百年的根基。

气韵

谢赫在六法中提出“气韵生动”[1]，居六法之首。“韵”乃画之性情，失去了韵，便失去了山水画的个性。唐岱的“气韵由笔墨而生，或取圆浑而雄壮者，或取顺快而流畅者。用笔不痴、不弱是得笔之气也。用墨要浓淡相宜、干湿得当，不滞、不枯，使石上苍润之气欲吐，是得墨之气也”，就是以笔墨来论气韵。何谓气韵？张庚在《浦山论画》中指出：“气韵有发于墨者，有发于笔者，有发于意者，有发于无意者。”[2]方薰在《山静居画论》指出：“气韵有笔墨间两种，墨中气韵人多会得，笔端气韵世每少知。”[3]无论方氏怎样分法，总是认为气韵是笔墨的效果，这很像中国古代哲学中所讲的“体”“用”观，笔墨则是承载着气韵，并表达气韵的根本所在，就如

[1] 谢赫《古画品录》。俞剑华编《中国古代画论类编》，人民美术出版社，1998年修订版，355页。

[2] 张庚《浦山论画》。俞剑华编《中国古代画论类编》人民美术出版社，1998年修订版，225页。

[3] 方薰《山静居画论》。俞剑华编《中国古代画论类编》，人民美术出版社，1998年修订版，230页。

恽格在《南田画跋》所言："气韵藏于笔墨、笔墨都成气韵。"[1]这里还需要明确的是气韵之"气"，既是绘画过程中主体精神状态的表象，更是一种自然生命力的象征与表达。气韵之"韵"，既是画家要表现出来的精神状态，更是一种文化和内涵的体现。"骨法用笔"又是"气韵生动"的具体操作与实现，"气韵生动"是"骨法用笔"的目标。皮之不存，毛将焉附，骨象征着力量，没骨则没有支撑，没有生动之气。因此，中国画所表达的气韵，实质上就是画家自身精神状态的体现，与所画所想融为一体，才能体会自然生机之美，也才能蕴含画作中浓浓的诗情画意。

临旧

关于临摹古人，唐岱主要有三个心得：一要专心，二要合乎古人规矩成法，三要与自然神韵浑然化一。这在当时仿古作为主流的话语下，可说是一种主流，而唐岱所否定的是单纯从形式上摹古的做法。只有心有古人，并表达自我，才能得法，即"落笔要旧，境界要新"。观唐岱的作品，能看到这样的气象。

读书

本篇指出学画之人必须要读的书目，与"游览"一篇呼应，可谓"读万卷书，行万里路"。这一理念在八旗子弟中，实属难能可贵。

游览

唐岱在《绘事发微》中对于学画之人的教育思想，最主要体现在两个方面：一曰："师古人"，在"临旧"一篇中，已有所表达；一曰："师造化。"造化即自然万物，中国的文人山水画，最重视的是意境须清幽脱俗，

[1] 陈传席《论中国画气韵》，《中国绘画研究论文集》，上海书画出版社，1992年版，149页。

而寄情于山川之间，对自然的摹画是以自我体验为前提的，是对自我感受的一种抒发与表达，而非单纯的写真。因此，中国画更多体现的是一种先验论的特质。在这样的指导思想下，唐岱提出了对自然本体认知的重要性。他说："若能饱观熟玩，混化胸中，皆足为我学问之助。"这很明显是告诉学画之人，不能单纯在技法和形制上仿古人，而应亲身感受自然之美、意境之处。同时，对于当前画家的层次，他又指出："欲到妙品者，莫如多临摹古人，多读绘事之书。欲到神品者，莫如多游多见，而逸品者亦须多游。"[1]可见，游览、实践在山水画中的要用和地位。这种思想在当时摹仿古人画作蔚然成风的状态下，不可不谓一种超越和顿悟，说明唐岱对艺术的追求。这从侧面也体现了"南宗"所主导的童趣、天真之气，给后人很多的启发。

综上评析，唐岱的画论以中国传统山水画理论为根基，以"南宗"为正统，结合各家之言，为中国绘画思想史添上了浓重的一笔，尽管有些地方重复古人之言，但其"墨分六法"、绘事重"游览""落笔要旧，境界要新"等思想在众多画论著书中，独树一帜，成为经典的绘画思想。同时，《绘事发微》共计二十四篇，全面细致地讲解了山水要诀，也在中国艺术教育发展过程中提供了不可多得的范本。这部著作对于身处内廷的画家来说，实属罕见。可以说，唐岱是一位不可多得的理论与实践并举的优秀画家。

[1] 引自（清）唐岱：《绘事发微》"游览"条。

四

唐岱的艺术成就及美育思想

康熙、雍正、乾隆三朝作为清代的鼎盛时期，社会的安定、繁荣给艺术的兴盛带来了土壤。同时，清朝统治者受到汉文化的感召与影响，在艺术上以汉族士人文化作为主流推崇，客观上使绘画、文学、美术得到了空前发展。清初的“四王”、吴、恽，为绘画确立了方向与规范，“娄东派”为代表的“正统山水”继王原祁之后，集大成者首推唐岱，虽然他不是坚守“正统山水”理念的最后一人，却是这一理念下“血统纯正”的最有成就的代表。对于研究唐岱及其绘画成就这个命题，其本身就是对“正统山水”的一次回归和解读过程。对于唐岱的研究，我觉得有以下收获，或者说意义所在：

（一）唐岱其人、其画的资料得到了完善和补充

关于唐岱的生平资料，目前仅仅是在部分期刊和文章中有所记载，还没有专门的论著进行系统详细的研究。比较有成果的是聂崇正、杨伯达和王洪源三位先生。聂崇正所著《清代宫廷画家续谈》中比较详尽地介绍了唐岱的生平与作品，在《清代宫廷画家唐岱和张雨森》中也有涉及。王洪源著《满族宫廷画家唐岱》以小传形式将研究成果发表。对于唐岱的资料，十分有限，原因在于：首先，年代久远，又由于战乱等因素，部分清廷资料，尤其是涉及内廷记载的档案和资料丢失，给调查带来困难；其次，由于唐岱是宫中画师，尽管身居官职，但在古代，宫廷画师的地位并不很高，而且他属于师徒举荐，进入宫廷供职，应该没有经过考试，所以，史官很可能没有为其建立专门的履历档案，所能查到的只有《清档》的一些记载，可供参考；第三，唐岱属于内廷画家，其作品几乎都被皇家收藏，民间少有流传，清末很多优秀作品或流失海外，或不知去向。再加上久居内廷，我认为其名不像文人画家那般被广为流传，仅仅就后世画史中有所记载。这些都给考证带来了难度。

我对唐岱的研究和调查，虽然没有从根本上弄清楚其所有信息，但这一命题，也为研究清代宫廷绘画，对于研究其人其画，以及他的绘画思想，起到了一个促进和推动作用。

（二）清代宫廷绘画“仿古”与“中西合璧”的历史原因探寻

清代宫廷绘画，不光是唐岱，又如周鲲、丁观鹏、张雨森、陈善等一大批有所成就者均行此道。之所以兴起仿古之风，我认为：最重要的是，清代帝王文化观和价值取向受到“正统山水”影响。这得益于董其昌和“四王”在明末清初时的努力。董其昌“南北宗论”和他所推崇的“南宗”山水画已对清代宫廷美术产生重要影响。以清初“四王”的发扬在宫廷绘画中扎下根来，成为重要的传统。“四王”中，特别是在朝的王原祁影响最大，二人门生遍天下，他们的画与宫廷趣味相合，成为山水画的典范。乾隆皇帝在文化上十分推崇宋徽宗，以宋人为榜样，这给仿古创造了主观上和客观上的条件。因而，唐岱为主的宫廷画家才能自主或不自主地以古人体例和规范来创作，遵循古法。

康熙以后，随着西方传教士的到来，西画风格开始明显影响帝王的审美。乾隆时期最明显的合笔画风影响了宫廷绘画。乾隆皇帝力求将翰林画家的宙堂之气及其笔墨传统与“画画人”那里的精雕细琢的楼台界画和细腻画风，再与传教士逼真的肖像和动物画中的科学写实精神结合在一起。作为臣子，唐岱也好，其他的宫廷画师也好，没有选择，只能力求把这种“中西”结合的风格发挥到最好。因此，才会出现众多中西合璧的作品，每个人都在擅长的领域发挥自己的优势，同时，也在不擅长的方面做出妥协。

（四）中国山水画教育理论的升华

唐岱作为一名画家，带给后世一幅幅精美的作品，已经难能可贵，而他留给后世的画论著作《绘事发微》更是值得称赞。且不说它所表达的思想是否超越古人之说，单是它对山水画教育理论的贡献就更加功不可没。

唐岱的老师王原祁对学生作画的要求是要与宋元诸家不隔，即达到宋元绘画的高度和思想层次，这的确是极高的水准，需要学生通过自己的努力，最终进入宋元的境界。王原祁曾说："……今人学力，皆能别其绪素。惟用笔处为案臼所拘，终未能掉臂游行，余愿其为透网之金鳞也。前往任学博时，余赠一册，名曰《六法金针》，别七八年，名已大成。近奏最而来，以笔墨见示，六法能事，已纲举目张，若动合机宜，平淡天真，别有一种生趣，似与宋元诸家，尚隔一尘。今花封又在中州，舍此而去，定然飞腾变化。余尚虑其为笔墨之障也，特再作《北苑》一图，匡吉果能于意气机之中，意气机之外，精神贯注，提撕不忘，余虽老钝不足引遭，然于此中不无些子相合。试于繁剧之际，流连展玩。一旷胸襟，则得一可以悟百，定智过其师矣，勉游。"[1]这要求画者一通百通，步入佳境，以入宋元绘画的境地。《麓台题画稿》曰："师之者不泥其迹，务得其神，要在可解可不解处。若但求其形，云某处如何用笔，某处如何用墨，造出险幻之状，

[1] （清）盛大士《溪山卧游录》卷四《仿北苑笔为匡吉作》，见于安澜《画史丛书》，上海人民美术出版社年1963年版，铅印本。

以之惊人炫俗，未免邀若河汉矣。”其中，“师之者不泥其迹，务得其神”[1]极大地触动和影响了唐岱。我们从唐岱的《绘事发微》中可以明显感到王原祁对其的影响。

概括起来，唐岱所要表达的美术教育思想包括：

1. 注重自身的修养和提高

中国古代的美术教育理念注重对画家综合素质的培养，很少只盯技法，而是将画品视为人品，包括道德境界、文化修养、生活阅历等各个方面。正如《绘事发微》所记：“画学高深广大，变化幽微。天时人事，地理物态，无不备焉。古人天资颖悟，识见宏远，于书无所不读，于理无所不通，斯得画中三昧。”从“读书”“品质”二篇，唐岱认为画家作画如同为人，人品即画品，如何获得画品的高绝？读圣贤之书，读名师之书，读名家之言，阅名家之画，才能理解和把握画作的意境所在，即所谓熟读经书，文章自在笔下。

2. 注重实践与体验

在“游览”与“传授”二篇中，唐岱指出学习与传授分为三个阶段：言传、物传和心传。言传是一种较直接的教育方式，传授者将画理、画法和画技口授给学习者。物传主要指临摹。在老师指导下，定规矩；立规范，达到熟练后，临摹古法古意，最后到达心领神会的境界，才是真宗的受教方式。而学习技法的同时，必须游历，在实践中找到天人合一的感觉。心传，就是要求学生做到心领神会。这主要是针对习画者的人文素质而言，包括学生的人格以及对中国古典文化的整体体悟。心传除了靠老师的教诲和影响外，还与习画者平时对前人画论的学习和理解息息相关，是一种兼

[1]（清）王原祁：《麓台题画稿》之《为凯功掌宪写元季四家》，见王伯敏、任道斌：《画学集成》（明清卷）。

具言传与物传的综合性教育方法。这都是以往画家很少在画论中提到的。

3. 通过模仿超越自己

临摹是初学者学习绘画的一条重要渠道，也是一种很重要的自学方法，在其基础上，才能逐渐领悟古代优秀作品的精华，也才能打下坚实的艺术基础。唐岱曾言，“摹仿旧画，多临多记，古人丘壑，融会胸中，自得六法三品之妙。落笔腕下，眼底一片空明，山高水长，气韵生动矣。”还指出，临古要做到体裁中度，“用古人之规矩格法，不用古人之丘壑蹊径。诀曰：落笔要旧，景界要新。”宫廷习画者在这方面有着得天独厚的条件，因为皇室的收藏使他们有很多机会去欣赏、临摹，仿画古代大师的作品。“临古”一篇，唐岱一句“落笔要旧，景界要新”，字字珠玑，指导学画之人，笔意要临旧，而思维要更新，这在今天来看，也属于一种对传统的更新与复归。

4. 贯通中西文化

清初统治者厚待西洋画家，定期挑选学画柏唐阿跟随他们学画。他们的教育思想也对宫廷美术教育产生了深远的影响。西洋画家重视透视法、形体结构、阴影和色彩的运用。宫廷美术教育融合了中、西两种美术教育理念。画学高深广大，只有“于书无所不读，于理无所不通”，才能真正掌握绘画的要领。西方美术教育理念重视培养学生的观察能力，强化学生的形象记忆和情感记忆，锻炼学生的写生能力，类似中国的“师造化”。中西融合的教育理念，既使得清前期宫廷美术教育杜绝了一味地仿古和墨守成规，又传播了科学的绘画知识，使习画者广泛地接触到多种绘画技巧和艺术形式。这也正是今天中国美术教育所最需要把握好的重点问题，是每一个美术工作者的重要工作。

总之，唐岱的艺术成就与思想成就留给我们很多宝贵的财富。而中国绘画历史悠久，画家多如星海，共同构成了中国文化的深厚内涵。

附录一　《石渠宝笈》唐岱画作统计

编目索引	作品名称	页码
《石渠宝笈》初编	1. 清高宗御临唐寅饮仙图并书饮中八仙歌（唐岱补树石）	293
	2. 山水	406
	3. 仿黄公望浮岚暖翠图	406
	4. 溪山雪霁图	407
	5. 仿关仝翠岭丹枫图	407
	6. 仿李成山水	453
	7. 仿范宽山水	673
	8. 松阴抚琴图	677
	9. 风雨归舟图	677
	10. 仿范宽秋山瀑布图	677
	11. 仿赵孟頫笔意	677
	12. 仿李唐寒谷先春（与孙祜合笔）	811
	13. 仿赵孟頫山水	812
	14. 千山落照图	816
	15. 夏山高逸图	817
	16. 秋山不老图	1071
	17. 与孙祜、沈源、丁观鹏、王幼学、周鲲、吴桂等合笔新丰图	1084

编目索引	作品名称	页码
《石渠宝笈》续编	1. 寒山万木图	755
	2. 画夏日山居	1244
	3. 秋山行旅途	1843
	4. 秋林读易图	2234
	5. 唐岱等合璧新丰图（注：与初编重合，不计入总数）	2863
	6. 仿王蒙山水	3012
	7. 画圆明园四十景（与沈源合笔）	3755
	8. 画御外小园闲咏十五首诗意（绘事罗珍）	4111
	9. 水墨画（绘事罗珍）	4113
	10. 仿各家山水（绘事罗珍）	4114
《石渠宝笈》三编	1. 仿二十四家山水（墨妙珠林）	645
	2. 画山水	2397
	3. 画山水	2398
	4. 仿关仝庐山白云图	2400
	5. 仿倪瓒清閟阁图	2401
	6. 画归隐图	2402
	7. 设色陶穀烹雪	2736
	8. 唐岱、沈源合画豳风图	2742
	9. 画风雨归舟图	3457
	10. 郎世宁、唐岱、沈源合画豳风图	3488
	11. 画山水	3532
	12. 仿巨然山水	3832
	13. 仿倪瓒山水	4110

注：此处统计所用《石渠宝笈》及续编、三编采用上海书店出版社1988年10月版。

附录二　唐岱艺术活动年表

一六七三年　康熙一十二年　癸丑

本年正月十五，唐岱出生。同年，平西王吴三桂起兵叛清。

一六九二年　康熙三十一年　壬申

作《青山放舟图》

一七〇二年　康熙四十一年　壬午

作《秋日摹巨然烟浮远岫笔意》册页。

一七〇四年　康熙四十三年　甲申

作《红树秋山》立轴

一七〇八年　康熙四十七年　戊子

作《仿古山水》

一七一一年　康熙五十年　辛卯

作《大房选胜图》册

一七一四年　康熙五十三年　甲午
作《闲居高行》册页（十二开）

一七一六年　康熙五十五年　丙申
作《深树茅堂》轴

一七一七年　康熙五十六年　丁酉
作《万松金阙图》
《绘事发微》成书。

一七一八年　康熙五十七年　戊戌
作《仿北苑山水》

一七二〇年　康熙五十九年　庚子
作《溪流曲尽图》
一七二一年　康熙六十年　辛丑
为会川作《归隐图》

一七二三年　雍正元年　癸卯
作《仿古山水册》10页

一七二五年　雍正三年　乙巳
作《拟元人山水》册页12册

一七二六年　雍正四年　丙午
与恽寿平 杨晋 唐岱 名家合璧（四幅）扇面

一七二七年　雍正五年　丁未

作《重峦叠翠图》

此时疑唐岱已进入宫廷供职

一七二八年　雍正六年　戊申

十月十一日，命唐岱为“西峰秀色”后北面围屏画通景山水四幅。此画至七年二月二十七日画完。

一七二九年　雍正七年　己酉

作《秋山松云图》

作《海岳云山图》

作《川谷杳冥图》

正月二十三日，传旨着唐岱为含韵斋画山水画四张。

九月二十四日，郎世宁、唐岱奉命为雍正帝寿辰画祝寿画，至十月二十九日画得寿意画二张，交海望呈进。

十一月初四日，传旨着郎世宁、唐岱画绢画三张。

十二月二十八日，将唐岱画的《江山渔乐画》一张，班达里沙画的《时和景丽画》和《春融和合画》两张，王幼学画的《夏山瑞霭画》《岁三双合画》两张，送往圆明园张贴。

一七三〇年　雍正八年　庚戌

唐岱作《岩边树色图》

作《仿大痴山水》《山水 册页》

二月初八日，唐岱受命画《黄河澄清》手卷一卷、《庆云献瑞》手卷一卷。至三月二十日、二十九日，两幅手卷均画得进呈。

三月初六日，命唐岱画山水绢画一张，至乾隆元年正月二十一日交太监毛团呈进。

八月，命唐岱画《风雨归舟》山水横批一幅。

九月七日，唐岱、郎世宁奉命各画“万寿画”一张。

十一月十九日，海望传旨，着唐岱画绢画二张。

十二月二十七日，高其佩、唐岱、郎世宁三人，每人画画三张。

一七三一年　雍正九年　辛亥

作《仿大痴山水》

作《拟元人山水》册页12册

正月二十四日，命唐岱画围棋（画）一张。

二月，命将唐岱画的画俱着落款。

五月，郎世宁、唐岱和高其佩奉命各画大画一幅。六月初八日交托裱，至十月四日托裱完毕。

六月十四日，命高其佩、唐岱、郎世宁每人画风雨山水画一幅。十六日，赏三人每纱二匹、葛布二匹。

八月，唐岱受命画《风雨归舟》山水横批一幅，至乾隆元年正月画竣。

九月，唐岱、郎世宁受命画《万寿》绢画，于十月二十一日画完呈进。

九月二十七日，又命高其佩、唐岱、郎世宁每人画画三幅。至十一月十八日，画得山水四幅呈进。

十一月，唐岱画画房因重新盖造，要求裱糊。唐岱画画一幅。

十二月二十八日，唐岱画得《湖山春晓》图一张、《九国图山水册页》一册。

一七三二年　雍正十年　壬子

唐岱作《山水卷》

作《溪涧山居图》立轴

作《塔影钟声诗意图》

作《仿古山水册》12页。

四月，唐岱画《江村烟雨》绢画一张。

五月，命唐岱和画画人画册页。

九月，唐岱、郎石宁奉命为“万寿节”各画画一幅，至十月底分别画得《松高万年》绢画一张、《松寿鹤灵》绢画一张。画画人金昆为画《耕绢图册》领取颜料。

十一月，唐岱、郎世宁奉命画年节备用绢画。唐岱画得《岁丰图》绢画一张，郎世宁画得《仙萼承华》绢画一张。

十二月，唐岱获雍正帝赐御笔龙绢福字一张、绸袍褂料二件。

一七三三年　雍正十一年　癸丑

作《花溪娱乐图》

作《松阴抚琴图》

作《秋山不老图》

三月，命唐岱、郎世宁各画端阳节绢画一张，于五月初一日画得《翠壁清溪》绢画一张，《瑞连百子》绢画一张。

九月，命唐岱、郎石宁、王幼学各画“万寿节”绢画一张，于十月二十八日画得《松岳嵩年》绢画一张、《万寿长青》绢画一张、《福寿如意》绢画一张。

十月，命唐岱画画二张。于十二月二十七日画得《恩泽万方》一张、《风雨归舟》一张。（按唐岱所画之画，均为雍正帝所点题目）

一七三四年　雍正十二年　甲寅

作《夏日山居图》《千山落照图》

三月，命唐岱、郎世宁各画端阳节绢画一张。于五月初二日，画得

《午瑞图》一张、《夏日山居》绢画一张。（按后图当系郎氏所画）

八月，唐岱、郎世宁奉命为“万寿节”各画绢画一张。于十月二十七日画得《群仙祝寿》画一张、《万松永茂》画一张。

十一月，唐岱、郎世宁、王幼学奉命各画年节绢画一张。于十二月二十八日，郎世宁画得《锦堂春色》画一张，唐岱画得《太平春色》画一张，王幼学画得《双喜呈瑞》一张。

一七三五年　雍正十三年　乙卯

作《小园闲咏图》册

四月，唐岱、郎世宁奉命画端阳节绢画各一张，于四月三十日画得。

一七三六年　乾隆元年　丙辰

作《秋林读易图》

正月十四日，郎世宁、唐岱奉旨：照高其佩画的山水绢画，另改画一张。十九日，唐、郎二人奉旨随意画斗方二张。

三月初三日，唐岱、郎世宁及其徒弟们受赏。赏郎世宁、唐岱每人人参二斤，纱二匹；赏郎世宁徒弟每人官用缎二匹。于本月十二日，柝唐阿王幼学领取人参四斤、纱四匹、官用缎八匹。据此可知，郎氏徒弟有四人获赏。

三月十三日，乾隆帝命冷枚、唐岱、沈源、郎世宁、陈枚各画斗方一张。要求冷枚画人物，唐岱画山水，沈源画房子，郎世宁画花卉，陈枚画白描，均随意画。

四月初一日，唐岱、郎世宁、沈源分画三色泥金曹扇二十柄。十二日，三人又奉命为端阳节各画绢画一张，合画挑山二张。

五月十四日，命唐岱画山水挑山一幅，沈源画楼阁挑山一幅，郎世宁画花卉翎毛一幅，冷枚画人物横批一幅。至本年七月二十三日，四人之画画完，交太监胡世杰呈进。

七月二十三日，郎世宁、唐岱、陈枚、沈源奉命各画槅子上画二幅。

十一月十五日，命唐岱、郎世宁、沈源画《圆明园图》一幅。唐岱、郎世宁、陈枚酌画《岁朝图》一幅。

十二月初五日，骑都尉唐岱、郎世宁、沈源，获准每人画年节绢画一张。奉旨挑选小苏拉几名与唐岱、郎世宁学制颜料。

一七三七年　乾隆二年　丁巳

作《写香山诗意图》《仿关仝秋清图》

正月十五日，唐岱、郎世宁、陈枚、沈源奉命合画上元节大画一幅。

十七日，唐岱、郎世宁、陈枚、沈源奉命合画《元宵图》一大幅。

七月十七日，郎世宁、唐岱、陈枚、孙祜、沈源、张为邦、丁观鹏、王幼学、戴正为祝万寿各画绢画一张。

一七三九年　乾隆四年　己未

作《山水》手卷

六月二十七日，太监胡世杰交郎世宁花卉册页一册，唐岱山水画片、对题字各十二张，命照郎世宁花卉册页尺寸裱册页一册。

一七四〇年　乾隆五年　庚申

作《仿大痴山水》

七月二十五日，郎世宁绢画一张，唐岱山水绢画、绢画横批各一张，梁诗正对联一副，奉旨各托纸一层。

十二月二十六日，周鲲、郎世宁、戴正、唐岱、丁观鹏、孙祜等六人绢画各一张，奉旨着各托纸一层。

一七四一年　乾隆六年　辛酉

作《仿黄公望浮岚暖翠图》

作《仿关仝翠岭丹枫图》

作《晴峦春霭图》

正月初四日，唐岱、郎世宁奉命各画手卷三卷。

七月十七日，唐岱、郎世宁奉命各画手卷三卷。

九月二十七日，着唐岱、郎世宁往静明园布一通景。

一七四二年　乾隆七年　壬戌

作《清高宗御临唐寅饮仙图并书饮中八仙歌》（唐岱补树石）

作《溪山雪霁图》

作《寒山万木图》

五月初二日，唐岱、郎世宁、周鲲、丁观鹏、孙祜、王幼学、沈源、张为邦、戴正等为端午节画的绢画各一张着托纸一层。

一七四三年　乾隆八年　癸亥

作《松风泉瀑》

作《唐岱仿李成山水》

作《仿范宽山水》

作《仿倪瓒山水》

四月十一日，命唐岱、郎世宁、沈源前往香山、玉泉二处，察看道路景界，合画大画二幅，要求每幅长九尺、宽七尺，起稿呈览。

六月十六日，唐岱、郎世宁奉命画围猎大画一张，起画呈览。

七月初二日，命唐岱、郎世宁画条画十幅。

七月初十日，王致诚奉命画玻璃画一块；命唐岱、郎世宁再画《围猎图》大画一幅，高一丈，宽六尺，照横批画上款式布景，起稿呈览。

一七四四年　乾隆九年　甲子

唐岱作《仿倪瓒清閟阁图》

郎世宁 唐岱年作《八哥花鸟图》

作《仿巨然山水》

作《仿范宽山水》

正月作《仿李唐寒谷先春》

与孙祜沈源丁观鹏王幼学周鲲吴桂等合笔《新丰图》

作《画圆明园四十景》图轴做成。

五月十五日，传旨着唐岱、郎世宁、孙祜每人各画海澄楼横批一张，起稿呈览。

八月十三日，胡世杰交象牙边骨丁欢鹏画扇一柄、乌木边骨张为邦画得一柄、紫檀边骨唐岱画扇一柄、竹骨郎世宁画像一柄，传旨：入“琼瑶薮”一处装。

八月十四日，胡世杰交象牙骨丁观鹏大扇一柄、棕竹边骨唐岱山水八根紫扇一柄，张纯一《象牙西洋异兽图》一册，传旨：着入“百什件”内。

十月初七日，命唐岱、郎世宁照热河三十六景册页临仿，俱着色画。

一七四五年　乾隆十年　乙丑

作《秋山行旅图》

作《泰岳苍松》立轴

作《层峦烟霭图》立轴

七月十三日，传旨：“万宝箱”内小册页十幅、“琼瑶薮”内小册页十六幅、自鸣钟架背面小册页一张，着唐岱急画。

十月初十日，命唐岱仿关仝山水一张，用宣纸高六尺四寸五分，宽六尺零九分。

一七四六年　乾隆十一年　丙寅

作《仿王叔明山水图》

作《仿王蒙山水》

作《晴岚浮翠》

作《云气松声图》

作《寒谷回春图》

二月十六日，命唐岱画二十四家山水册页一部。二十八日又命唐岱画山水一幅，高一丈四尺七寸，宽八尺七寸，起稿呈览。

闰三月初六日，命唐岱仿王蒙及郭熙大画各一幅。十一日，命唐岱、沈源合画《香山图》一幅，高一丈五尺，宽九尺。

一七四七年　乾隆十二年　丁卯

作《富春山居图》

一七四八年　乾隆十三年　戊辰

七月二十六日，命唐岱画山水一幅，长一丈，宽六尺，落款写雍正年间官衔。此后，疑唐岱已离开宫廷。

一七五〇年　乾隆十五年　庚午

作《碧水清阴》立轴

一七五一年　乾隆十六年　辛未

作《富春大岳图》，时年七十九。

一七五二年　乾隆十七年　壬申

作《青山白云图》时年八十。此后不久，唐岱卒。

附录三　唐岱作品编年统计

1. 1692年（康熙三十一年，壬申）《青山放舟图》，绢本设色，立轴，尺寸：118×52.5 厘米。

款识：依迟放舟楫，惆怅出松萝，忍别青山去，其如绿水何。康熙壬申立秋后二日，静岩唐岱写。

钤印：[唐岱之印]见附图1。

2. 1702年（康熙四十一年，壬午）《秋日摹巨然烟浮远岫笔意》册页，1册，1开，纸本笔墨，尺寸：40×25厘米。

款识：壬午秋日摹巨然烟浮远岫笔意，为苓台先生教正，静岩唐岱。

钤印：唐岱（朱）毓东（白）。见附图2。

3. 1704年（康熙四十三年，甲申）《红树秋山图》立轴，纸本设色，尺寸：94×39厘米。

题识：甲申小春月二十八日扶燕文贵小帧似此一帧静岩唐岱。

钤印：岱。见附图3。

4. 1708年（康熙四十七年，戊子）《仿古山水》册页，1册，12开，纸本设色，尺寸：31.6×25.2厘米/开。

现存天津市艺术博物馆。此外，还有一个版本是意大利沃尔特斯艺术博物馆版本《仿古山水册》，只有9开，疑似有丢失。见附图4。

5. 1711年（康熙五十年，辛卯）《大房选胜图》册页，1册，13开，纸本设色，尺寸：26.5×23.3厘米/开。

现存沈阳故宫博物院。见附图5。

6. 1711年（康熙五十年，辛卯）《古寺溪泉图》立轴，绫本设色，尺寸：126×32厘米。

款识：百花香里听莺鸣，寺古参差天半横。雨后白云留树抄，钟声隐隐杂泉声。辛卯元旦后二日，静岩唐岱并题。

钤印：唐岱之印、毓东。见附图6。

7. 1714年（康熙五十三年，甲午）《闲居高行》册页，12开，绢本设色，尺寸：36×30厘米×12。

各开皆署：臣唐岱恭画。并钤印：臣唐岱、恭绘。

（1）雍正对题：唐子西云：山静似太古，日长如小年。余家深山之中，每春夏之交，苍藓盈阶，落花满径。钤印：高山流水、静观。

（2）雍正对题：门无剥啄，松影参差，禽声上下，午睡初足，旋汲山泉，折松枝，烹苦茗啜之。法怀素笔意。钤印：闲云道人、芥子园、自在庵。

（3）雍正对题：随意读周易，国风左氏传，离骚太史公，书及陶杜诗，韩苏文数篇。法赵子昂笔意。钤印：芷兰居、竹梅松言、得妙。

（4）雍正对题：从容步山径，抚松竹，与麋犊共偃息，于长林丰草间，坐弄流泉，漱齿濯足。法黄山谷笔意。钤印：洗桐山房、学书草堂、禅悦。

（5）雍正对题：既归竹窗下，则山妻稚子作笋蕨，供麦饭，欣然一饱。法励静海笔意。钤印：淡如、适兴。

（6）雍正对题：弄笔窗间，随大小作数十字，展所藏法帖，墨卷纵观之。法米元章笔意。钤印：任运、尘外散人、问芳。

（7）雍正对题：兴到吟小诗，或草玉露一两段，再烹苦茗一杯。法苏东坡笔意。钤印：学佛、破尘居士、醉白轩。

（8）雍正对题：出步溪边邂逅，园翁溪友问桑麻，说稻量晴就雨，操节数时，相与剧谭一晌。法智永笔意。钤印：妙香书屋、妙高堂。

（9）雍正对题：归而倚杖柴门之下，则夕阳在山，紫绿万快变幻，顷刻恍可人目。法颜鲁公笔意。钤印：泉石云林、松柏室。

（10）雍正对题：牛背笛声两两来，归而月印前溪矣。法董宗伯笔意。钤印：疏嫩荠、别有洞天。

（11）雍正对题：味子西此句可谓妙绝，然此句妙矣，识其妙者，盖少彼牵黄臂苍驰，猎于名利之场者，但见滚滚马头尘，匆匆驹隙影耳，焉知此句之妙哉。法褚河南笔意。钤印：清可、好古、啸歌。

（12）雍正对题：人能真知此妙，则东坡所谓，无事此静坐，一日似两日，若活七十年，便是百四十。所谓不已多乎。法陈香泉笔意。钤印：清磬山馆、煮字亭、草圣楼。

雍正跋：山川之灵气，草木之华实，风泉之鸣寂，鳞羽之浮沉，皆造物者真意所发露也，驰逐声利，撄情于尘事者，既身不践其境，而山农野老又日对焉，而不能知，惟高逸肥遁之士，岩居而利观，心泰而体舒，事简而境寂，乃能静观而得之，故其起居饮食，出入俯仰，以及诵诗读书，攀林倚石，偶渔樵课耕牧皆动于天机，而其乐有不可言者。宋唐子西咏山静似太古，日长如小年之句，因自敍由晨及暮玩物，适情从容自得之致，余夙爱其语，甲午（1714年）夏日扈从上营端居多暇时，临晋唐至近代名人书法，因以子西语，分仿各体次弟相续，共为一册，因念此地，峰峦疏峙洞壑盘纡奇胜甲天下，而余幸跻宇内太和之会，奉圣皇色笑而息游于此，山静日长了无尘，难得以游目于图书，栖情于景物，与子西所云有不相同而相似者，然则造物者之无尽藏，亦视人之所以耽之，非必山林逸遗之士，而后有此乐也，因笔诸简末以质后之人，时康熙五十三年甲午（1714年）六月书于狮子园之妙高堂。雍亲王。钤印：和硕雍亲王宝、斋鉴藏印：恭亲王、奕欣、载滢曾藏、兰砌常饶和顺气芷楣永护吉祥云。见附图7。

8. 1716年（康熙五十五年，丙申）《深树茅堂》，立轴，纸本水墨，尺寸：82.5×37厘米。

款识：康熙丙申嘉平月之下浣，静岩唐岱。

钤印：唐岱印（白文）、静岩（朱文）。见附图8。

9. 1717年（康熙五十六年，丁酉）《万松金阙图》，立轴，绢本设色，尺寸101×27厘米。

款识：康熙丁酉花朝仿宋人法。唐岱并题。

钤印：唐岱之印（白文）、静岩（朱文）。鉴藏印：北平孙氏（朱文）录文：万松金阙图。见附图9。

10. 1718年（康熙五十七年，戊戌）《仿北苑山水》，立轴，纸本墨笔，尺寸93×53厘米。

现存天津市历史博物馆。见附图10。

11. 1720年（康熙五十九年，庚子）《溪流曲尽图》，立轴，纸本墨笔，尺寸113.8×64.3厘米。

现存浙江省博物馆。见附图11。

12. 1721年（康熙六十年，辛丑） 为会川作《归隐图》，立轴，纸本设色，尺寸：本幅尺寸86.2×48.4厘米，全幅73厘米。

现藏于台北故宫博物院。见附图12。

13. 1725年（雍正三年，乙巳）《拟元人山水》册页，12开，纸本设色，尺寸：28×19厘米×12。

钤印：唐岱、静岩。见附图13。

14. 1726年（雍正四年，丙午） 与恽寿平、杨晋合作的名家合璧（四幅），扇面，水墨、纸本设色。尺寸：约每幅17.5×53厘米。

题识：

（1）迂翁笔墨极简，贵幽淡天真，在黄吴上。今人便以率易当之，谬矣。寿平记。

（2）放笔有萧寒幽淡之色，唯云林先生获我心耳。寿平。

（3）仿吴镇。臣唐岱恭画。

（4）雍正四年丙午（1726年）春三月，仿元人牧归图。西亭老人杨晋，时年八十有三。按语：西亭苍率，颓然自放；静岩缜密，犹是典型；南田潇洒，当在中年。后先映辉，同宗同源。

钤印：寿平（两次）、正叔（两次）、子鹤、杨晋、西亭、臣唐岱、恭绘。鉴藏印：瓶盦鉴赏、曾在梁溪孙家。见附图14。

15. 1727年（雍正五年，丁未）《重峦叠翠图》，立轴，绢本设色，尺寸：87.5×51.2厘米。

画面层峦叠嶂，翠岭凌云。右侧山涧，水榭沿山脚而建，有人悬栏观水。左侧山道，蜿蜒而生，通达山腰楼台。

款识：自识[丁未冬日，唐岱恭画]。

钤印：[唐][岱]白朱文，联珠印。

藏于北京画院。见附图15。

16. 1729年（雍正七年，己酉）《秋山松云图》，立轴，绢本设色，尺寸：88×45厘米。

款识：拨云寻古道，倚树听流泉。雍正己酉嘉年月，静岩唐岱。

钤印：古唐括氏（白）、岱字毓东（白）、北窗（朱）。见附图16。

17. 1729年（雍正七年，己酉）《海岳云山图》，立轴，纸本墨笔，尺寸：114×65.8厘米。

现存重庆市博物馆。见附图17。

18. 1729年（雍正七年，己酉）《川谷杳冥图》，立轴，纸本墨笔，尺寸：104.1×56.5厘米。

现存湖北武汉市文物商店。见附图18。

19. 1730年（雍正八年，庚戌）《仿大痴山水》，立轴，绢本设色，尺寸：89.3×46厘米。

现存广州市美术馆。见附图19。

20. 1730年（雍正八年，庚戌）《山水》册页，绢本水墨。尺寸：未查到具体数据。

题识：余曾见南田老人仿元人江山积素图。有出蓝之妙，兹师其意未识有合否。岁次庚戌春三月，静岩唐岱。

清霜摇落满林秋，漠漠寒云天际流。山径无人山亭寂，野塘犹自系轻舟。庚戌季春之初摹白云外史笔意，静岩唐岱。

朔风一号，万木斯肃。扫我庭除，敞我茅屋。彼荏苒者，乃卷而伏。庚戌春日摹南田老人笔意，唐岱。

谁傍幽岩植柏松，翠屏围坐玉皎皎。于今总属山中相，坐听清声一壑风。庚戌暮春仿耕烟散人笔，唐岱。

宿雨初晴时，山光弄翠烟。此中有高人，笑语落天外。庚厂春日仿耕烟笔，（颠倒烟翠二字），唐岱。

泉上幽亭近翠微，树凉如水湿人衣。平湖直接栏杆下，远见轻鸥点点飞。庚戌春日仿澄怀馆主人笔，静岩唐岱。

南村云起北村晴，晴鸠雨鸠赓和鸣。曾见耕烟散人仿米友仁笔，今背拟大意。唐岱。

仙家原自有花溪，百叠云岩映短堤。岂是当年问津客，扁舟来往任东西。庚戌暮春仿耕烟散人笔，唐岱。

钤印：毓东（朱文）、唐（白文）、岱（白文）、唐岱（白文）。藏印：好古堂收藏（朱文）。见附图20。

21. 1731年（雍正九年，辛亥）《仿大痴山水》，立轴，纸本设色，尺寸：88.5×55.6厘米。

现存天津市艺术博物馆。见附图21。

22. 1732年（雍正十年，壬子）《溪涧山居图》，立轴，纸本设色，尺寸：119×65厘米。

款识：壬子秋月仿一峰老人画法。静岩唐岱。

钤印：唐岱（白文）、静岩（朱文）、陆时化藏（朱文）、庵（朱文）、润宇之藏（朱文）。

见附图22。

23. 1732年（雍正十年，壬子）《塔影钟声诗意图》，立轴，设色绢本，尺寸：99×51.5厘米。

款识：塔影挂青溪钟声合白云。雍正十年岁次壬子六月望仿宋人笔法写唐人诗意静岩唐岱。正衡居士土署签“正衡（朱）”。

钤印：北窗、古唐括氏、岱字毓东。鉴藏印：陆平恕鉴赏。见附图23。

24. 1732年（雍正十年，壬子）与郎世宁合画《松寿鹤灵》，立轴，绢本设色，尺寸：223×142厘米。

画面兀立一石，石前石后老松二株。松下二鹤，一倾身回首而立，一抖翅起舞，形象生动逼肖。并用秋草、灵芝、野菊等点缀画面，笔法工致精细。虽鹤羽松麟极尽渲染，但松皮有图案化之嫌，略显板滞。

右下楷书款[臣郎世宁恭绘松鹤]。钤[臣世宁]白文方印。

楷书款[臣唐岱恭绘石]。钤[臣岱]白文方印。

另钤[乾隆御览之宝]白文方印。

现藏沈阳故宫博物院。见附图24。

25. 1733年（雍正十一年，癸丑）《花溪娱乐图》，立轴，绢本设色，尺寸：95×50厘米。

现藏天津市艺术博物馆。见附图25

26. 1733年（雍正十一年，癸丑）《松阴抚琴图》，立轴，宣德笺本墨画，尺寸：本幅32.5×29.4厘米，诗塘（圆形）直径26.5厘米，卷轴幅宽39厘米。

款识：雍正十一年春日，唐岱敬画。

题识：上方圆幅皇帝青宫时题诗云：面水临山抚素琴，无边嘉景助清音。风流画史风流笔，貌得当年知己心。癸丑小春长春居士题。

钤印：书后有宝亲王章勤学好问二玺，前有抑斋一玺。

现藏故宫博物院。见附图26。

27. 1734年（雍正十二年，甲寅）《夏日山居图》，立轴，绢本设色，尺寸：104×61厘米。

经考证，此图作于雍正十二年（1734年），作者时年六十二岁。此图描绘夏日山水风光景色，画面峰峦叠嶂，长松杂树，丰茂多姿；茅舍草亭，错落有致；凉棚内二叟对从纳凉，小桥上一僮仆携琴而来。设色清新典雅，章法有序，技法纸熟精当。

署款“夏日山居，臣唐岱恭画”。题识：臣唐岱恭画。

画面钤有“乾隆御览之宝”等鉴藏章十方，钤印：臣唐岱、恭画。鉴藏印：养心殿鉴藏宝、宜子孙、天禄继鉴、五福五代堂古稀天子宝。钤“臣唐贷”白文印、“恭绘”朱文印。

此画原藏于河北省文物工作队。现藏河北省博物馆。见附图27。

28. 1734年（雍正十二年，甲寅）《千山落照图》，立轴，素笺本着色。本幅尺寸：118.2×63.3厘米、诗塘（方形）44.3×63.1厘米、全幅86厘米。

款识：万叶秋声里，千山落照时。

雍正十年九月望拟黄鹤山樵笔意，静岩唐岱。

诗塘梁诗正书：

皇帝青宫时题句云：我爱唐生画，数作意未已。昨来街市中，买得澄心纸。好趁静室闲，为我图山水。着墨浓淡间，万壑秋风起。水亭跨明波，磴道延步履。斜阳映天末，咫尺有万里。瞑对意弥遥，不独披图是。位置古人中，谁能别彼此。

钤印：雍正甲寅夏五月朔宝亲王题下有宝亲王宝长春居士二玺，前有随安室一玺后署梁诗正谨书。

现藏故宫博物院。见附图28。

29. 1735年（雍正十三年，乙卯）《小园闲咏图》，册页，共15册，绢本设色，尺寸：32.2×25.6厘米。现藏故宫博物院。见附图29。

30．1736年（乾隆元年，丙辰）《秋林读易图》，立轴，绢本设色。尺寸：约169×91厘米（纵五尺一寸，横二尺七寸七分）。

画秋山红树。界画舍宇。一人坐读。

题识：秋林读易图，乾隆元年十月廿日。奉敕拟赵孟頫笔意。乾隆御题：总含平楚千章翠，户对疏峰万笏青。风散日暄秋色好，由来大地是羲经。臣唐岱恭画。

钤印：臣唐岱，朝朝染翰。鉴藏宝玺，八玺全。

藏故宫博物院。见附图30

31．1737年（乾隆二年，丁巳）《仿关仝秋清图》，立轴，绢本设色，尺寸：90×57.5厘米。

款识：秋清图。乾隆二年闰月仿关仝。臣唐岱恭画。

钤印：唐岱、恭画。

鉴藏印：乾隆御览之宝、允中致和、山阴张允中补萝庵收藏。见附图31

32．1739年（乾隆四年，己未）《山水》，手卷，绢本设色，尺寸：39×164厘米。

款识：乾隆四年秋分为晓亭老先生命，静岩唐岱补景。

钤印：唐岱。见附图32

33．1739年（乾隆四年，己未）《山影钟声》，卷轴，绢本设色，尺寸：123×59.5厘米。

钤印：岱字毓东、考古、御赐画状元、忠孝传家。见附图33

34．1740年（乾隆五年，庚申）《仿大痴山水》，立轴，纸本设色，尺寸：125×64厘米。藏广州市美术馆。见附图34

35．1741年（乾隆六年，辛酉）《晴峦春霭图》，立轴，绢本设色，尺寸：282×159厘米，故宫博物院藏。见附图35

36. 1743年（乾隆八年，癸亥）《松风泉瀑》，立轴，纸本水墨，尺寸：103×69.5厘米

款识：乾隆八年清和月仿王蒙唐岱。

钤印：臣唐岱；朝朝染翰　见附图36

37. 1743年（乾隆八年，癸亥）《唐岱摹李成山水》，立轴，绢本设色，尺寸：116×49厘米，藏于广西壮族自治区博物馆。见附图37。

38. 1743年（乾隆八年，癸亥）《仿范宽山水》，立轴，绢本设色，尺寸：本幅287.2×155.2厘米，全幅 194厘米。藏故宫博物院。见附图38

39. 1744年（乾隆九年，甲子）《仿倪瓒清閟阁图》，立轴，本幅纸本水墨，设色画竹树绕屋，琴书满几，一人傍栏而眺。尺寸：约124×48厘米（纵三尺七寸三分，横一尺四寸六分）。

款识：乾隆九年孟夏仿倪瓒。臣唐岱恭画。

钤印：臣唐岱，朝朝染翰。

轴内钤：高宗纯皇帝宝玺，乾隆御览之宝。鉴藏宝玺，五玺全。

藏故宫博物院。见附图39

40. 1744年（乾隆九年，甲子）郎世宁、唐岱合作《八哥花鸟图》手卷，设色绢本，尺寸：55×27厘米。

题注：梁鼎芬题。

钤印：臣唐岱、臣郎世宁。见附图40。

41. 1744年（乾隆九年，甲子）《仿巨然山水》，立轴，纸本墨笔，尺寸：81.5×100厘米。

藏北京市文物局。见图41。

42. 1744年（乾隆九年，甲子正月）《仿李唐寒谷先春》，立轴，素笺本着色，尺寸：约369×266.2厘米（高一丈一尺一寸，广八尺六分）。

款识：寒谷先春乾隆九年春正月奉敕仿李唐，臣唐岱孙祐恭画。

左上方御题诗：乾隆甲子仲春御题。

钤印：臣唐岱、朝朝染翰二印；惟精惟一、乾隆宸翰二玺。

藏故宫博物院。见附图42。

43. 1744年（乾隆九年，甲子）与孙祜、沈源、丁观鹏、王幼学、周鲲、吴桂等合笔《新丰图》，立轴，素绢本着色，尺寸：203.8×96.4厘米。

款识：臣唐岱孙祜沈源丁观鹏王幼学周鲲吴桂奉敕恭画。左方上张若霭书，御题诗。乾隆甲子春月御题臣张若霭敬书。

藏故宫博物院。见附图43。

44. 1745年（乾隆十年，乙丑）《秋山行旅图》，立轴，宣纸水墨设色，尺寸：约213×196厘米（纵六尺四寸，横五尺九寸）。

设色画翠峦红树山阁村庐，旅客居人，酒船鼓棹。

款识：秋山行旅。乾隆十年冬日仿关仝。臣唐岱恭画。

钤印：臣唐岱，朝朝染翰。鉴藏宝玺，八玺全。五福五代堂古稀天子宝。八征耄年之宝。乾隆御览之宝。

现藏故宫博物院。见附图44

45. 1745年（乾隆十年，乙丑）《泰岳苍松》，立轴，绢本设色，尺寸：86×49.8厘米。

题识：泰岳苍松。乾隆十年初夏，拟王叔明。唐岱敬画。时年七十有三。

钤印：岱字毓东、考古、御赐书画状元。见附图45。

46. 1745年（乾隆十年，乙丑）《层峦烟霭图》，立轴，绢本设色，163.5×53厘米。

款识：乾隆十年秋日唐岱敬画。见附图46。

47. 1746年（乾隆十一年，丙寅）《仿王蒙山水》，立轴，宣纸本设色，尺寸：本幅179.3×98.3厘米，全幅123厘米（纵五尺六寸。横三尺一寸）。

画秋山瀑布。茂林中茅堂连亙。两人对坐来访者二人。一叟携杖过溪桥去。溪中渔舍一人坐施罾。

款识：乾隆十一年闰三月朔。臣唐岱恭画。

御题行书：形似休论刻楮工，谁能牛目辨颠翁。临平秋色知何许，只在枫丹荔白中。丙寅御题。

钤印：臣唐岱，朝朝染翰。

钤宝：乾隆宸翰，陶冶赖诗篇，游六艺圃。

鉴藏宝玺，八玺全。乐寿堂鉴藏宝。五福五代堂古稀天子宝。八征耄念之宝。几馀鉴赏之玺。稽古右文之玺。读书依竹静。

藏故宫博物院。见附图47。

48. 1746年（乾隆十一年，丙寅）《晴岚浮翠》，立轴，纸本设色，尺寸：128×76.5厘米。

题识：晴岚浮翠岛，积雨暗深村，寂寂无车马，溪流自到门。乾隆丙寅夏日，拟九十老人大痴笔法写此，诗意亦似题画，亦似补图。恭进敬斋主人殿下，唐岱敬画，时年七十有四。

钤印：御赐书画状元、岱字毓东、考古、忠孝传家。

鉴藏印：敬斋考藏。见附图48，

49. 1746年（乾隆十一年，丙寅）《云气松声图》，镜心，绢本设色，尺寸：102×53.5厘米。

题识：云气杂虹霓，松声乱风水。乾隆十一年除夕前一日，拟宋人法写唐人诗意，为宗翁先生清鉴。静唐岱时年七十有五。

钤印：御赐书画状元、岱字毓东、考古、忠孝传家。见附图49。

50. 1746年（乾隆十一年，丙寅）《寒谷回春图》，立轴，纸本墨笔，尺寸：108×59.3厘米。

藏广州市美术馆。见附图50。

51. 1747年（乾隆十二年，丁卯）《富春山居图》，立轴，绢本墨笔，尺寸：148.5×48厘米。

款识：乾隆十二年除夕前三日，拟元人法意为松翁先生清鑑，静岩唐岱。

钤印：毓东名岱、图书养性。

鉴藏印：陆时化藏、狄平子心赏。见附图51。

52．1750年（乾隆十五年，庚午）《碧水清阴》，立轴，纸本水墨，尺寸：86.5×51.5厘米。

题签：张祥凝题“清唐静岩碧水清阴图轴。静岩笔力沉厚，并着有《绘事发微》一书传世。正心诚意斋藏。丁酉张祥凝”。

题识：溪流碧水去，云带清阴还。乾隆十五年中秋静岩唐岱时年七十有八。

钤印：御赐画状元、岱字毓东、考古、忠孝传家张祥凝、区汉波藏、汉波铭心之品、正心诚意斋印、张祥凝藏、三十二夫容山主曼陁、番禺何氏灵壁山房藏、斋。见附图52。

53．1751年（乾隆十六年，辛未，时年79岁）《富春大岭图》，立轴，纸本设色，尺寸：102×52.2厘米。

藏天津市艺术博物馆。见附图53。

54．1752年（乾隆十七年，壬申，时年80岁）《青山白云图》，立轴，尺寸、质地所藏处不详。仅画史有记载。见附图54。

以下所收集的作品，有的没有详细年代记载，有的没有款识，有的属于近期搜集，需要进一步鉴别，因此，这些作品不分年份进行编排，由此给读者造成的不便，敬请谅解。

55.《刘长卿诗意图》，立轴，绢本设色，尺寸：83×44厘米。

藏故宫博物院。见附图55。

56.《山水扇面 设色泥金》，尺寸：23×45厘米。

款识：乐亭仁兄老大人雅正，静岩唐岱。见附图56。

57.《霍山天柱峰》，立轴，纸本水墨，尺寸：87×49厘米。

款识：霍山天柱峰，云接苍梧岭盘六蓼杰然东南之天首因绘其形胜以纪游屐。唐岱。

钤印：唐岱、毓东。见附图57。

58.《高士策杖图》，立轴，绢本设色，尺寸：108×53厘米。

款识：臣唐岱恭画。

钤印：臣岱（朱文）、敬事（朱文）。

鉴藏印：乾隆御览之宝（朱文）。见附图58。

59.《风雨归舟图》，立轴，素绢本着色，尺寸：本幅 167.4×105.2厘米，全幅141厘米。

款识：风雨归舟图。唐岱敬画。

藏故宫博物院。见附图59。

60.《仿赵孟頫笔意》，立轴，素绢本着色。尺寸：本幅 56.9×41.6厘米，全幅 44厘米。

藏故宫博物院。见附图60。

61.《夏山高逸图》，横轴，素绢本着色。尺寸：本幅125×181.2厘米，全幅184.5厘米。

画款：仿赵孟頫唐岱恭画，前署夏山高逸四字。

藏故宫博物院。见附图61。

62.《仿范宽秋山瀑布》，立轴，素绢本着色。尺寸：本幅157.5×63.8厘米，全幅89厘米。

藏故宫博物院。见附图62。

63. 清 唐岱、孙祜等绘《庆丰图》，立轴，素绢本着色。尺寸：本幅393.6×234厘米，全幅 271.7厘米。

藏故宫博物院。见附图63。

64.《四时山水》，册页（八开），绢本设色，尺寸：30.5厘米×25.5厘米×8八帧画页。

各画页当中没有款识，唯有末一帧落有“臣唐岱恭画”之款。八帧册页根据所画内容，可以命名为《游春图》《叠翠图》《水村图》《松鹤图》《渔隐图》《山湖图》《幽庭图》《可居图》。

款识：臣唐岱恭画。

钤印：臣（白文）、岱（朱文）。见附图64。

65.《拟一峰老人[1]笔意》，立轴，质地不详，尺寸 107×54厘米。

款识：雍正七年岁次己酉冬日拟一峰老人笔意，静岩唐岱。由此，可以推断该画作的创作年代：1729年（雍正七年，己酉）。

题跋一：国朝画征录云：唐岱字毓东，号静岩，满洲人，以荫官参领为麓台司农入室弟子，司农供奉内廷，无暇作应酬，笔黑，大半皆弟子代作。此帧抚大痴笔意，颇能得其神韵，真迹也。光绪丁未三月，张祖翼识。

题跋二：国朝院画录载静岩与华鲲、金明吉、王敬铭、黄鼎、赵晓、温仪等同出麓台之门，康熙时曾赐画状元，高宗乐善堂集有与唐岱诗云：范缓倪迂自古人，而今绘事数唐寅制，石渠宝笈所收岱画共二十九件，其珍赏可想矣，世传真迹不多，此幅树法石法摹仿宋人，深得营邱中立之致，而墨气淹润仍不失本师家法无可宝也。莺庐仁兄出此见示，拥炉耽玩，爱莫能释，因题数语，以志墨缘，甲寅冬十一月，褚德彝记。

钤印：古唐括氏、岱字毓东、抱质怀素。

---

[1] 一峰老人即“元四家”之一的黄公望。黄公望（1269—1354），元代画家。本姓陆，名坚，汉族，江浙行省常熟县人。后过继永嘉府（今浙江温州市）平阳县（今划归苍南县）黄氏为子，居虞山（今宜山）小山，因改姓黄，名公望，字子久，号一峰、大痴道人。擅画山水，师法董源、巨然，兼修李成法，得赵孟頫指授。所作水墨画笔力老到，简淡深厚。又于水墨之上略施淡赭，世称“浅绛山水”。晚年以草籀笔意入画，气韵雄秀苍茫，与吴镇、倪瓒、王蒙合称“元四家”。擅书能诗，撰有《写山水诀》，为山水画创作经验之谈。存世作品有《富春山居图》《九峰雪霁图》《丹崖玉树图》《天池石壁图》等。

鉴藏印：匆龕所藏、文彝画藏。

印鉴：磊堪题记、褚德彝私印。见附图65。

66.《高山积雪图》，立轴，绢本设色，尺寸：152×63厘米。

见附图66。

67.《松风古寺》，立轴，质地不详，尺寸：178×48 厘米。

题识：松风古寺，谡谡松风下，悠悠琴外心。以我清静耳，听此太古音。拟董北苑画法。静岩唐岱。

钤印：唐岱静岩。见附图67。

68. 唐岱、沈源合笔《豳风图》，横轴，绢本墨色，尺寸：约172×126厘米（纵五尺二寸，横三尺八寸）。此画唐岱墨笔画豳风诗意山水，沈源恭画人物。

款识：臣唐岱宫画山水。

钤印：臣唐岱，恭画。

钤印：臣沈源。上方书豳风七月全篇。

轴内钤：高宗纯皇帝宝玺，乾隆御览之宝。鉴藏宝玺，五玺全。见附图68。

69.《杏花春雨江南图》，立轴，绢本设色，尺寸：116×63.5厘米。

藏天津市文物公司。见附图69。

70.《仿吴镇画山水》，立轴，绢本设色，尺寸：本幅 93.6×53.5厘米，全幅 56厘米。

藏故宫博物院。见附图70。

71.《梅竹双清图》，立轴，绢本设色，尺寸不详。

款识：乙亥秋日 梅竹双清图。由此可以推断画作的创作时间为1695年（康熙三十四年 乙亥）。见附图71。

72.《石湖烟水》，立轴，纸本设色，尺寸不详。

题识：石湖烟水望中迷，湖上花深鸟乱啼，芳草自生茶磨岭，画桥东注越来溪，凉风荃荃青墨未，往事悠悠向日西，依旧江波秋月堕，伤心莫唱夜乌栖。静岩唐岱。

钤印：岱字毓东、枝闲。见附图72。

73.《枫林觅句图》，立轴，质地、尺寸等资料不详。见附图73。

74.《唐岱 陈璞 顾鹤庆 山水 岁兆图山水》，扇面，纸本设色，尺寸：由上至下分别为48.5厘米，50厘米，55厘米。见附图74。

75.《圆明园四十景图》（局部之正大光明），册页（共四十页），绢本设色，尺寸：全卷长约28米，宽约38厘米，分四十分景。每幅幅心64×65厘米，连装池绫边计算，合计为83×75厘米。见附图75。

76.《墨妙珠林》（局部之仿李思训山水），册页（共二十四页），纸本设色。尺寸：本幅 63.3×42厘米，对幅63.3×42厘米，全幅92.6×42厘米。

藏故宫博物院。见附图76。

77. 唐岱之印

见附图77。

77-1：岱字毓东

77-2：到处因循缘嗜酒

77-3：静嵒唐岱

77-4：考古

77-5：乐安和

77-6：唐、岱

77-7：图书养性

77-8：心远

77-9：御赐画状元

77-10：毓东名岱

以下为唐岱弟子陈善与张雨森的代表作品：

78. 弟子陈善1744年（乾隆九年 甲子）《奇峰高寺》，立轴，绢本水墨，尺寸：162×103厘米。

款识：乾隆甲子嘉平，仿关仝奇峰高寺，为愚翁老先生政。上谷陈善。见附图78。

79. 弟子陈善《群仙献寿》册页（共十二页）（局部），纸本设色，尺寸：32.3×29.6厘米×12。

作者分别为丁观鹏、陈善、陈枚、张为邦、戴洪等。见附图79。

80. 弟子张雨森《秋林曳杖图》，立轴，绢本设色，尺寸：157×100厘米。

藏故宫博物院。见附图80。

以下几幅画作均为近期通过网络等途径搜集到的唐岱作品，至于其真实性，有待进一步考证和核实，姑且收集如下：

81.《鱼藻图》，立轴，绢本设色，尺寸：100×46.5厘米。

此幅鱼藻图是唐岱赠予隶宁王大寿的礼物。

此图绘水中游鱼，浮萍水藻漂浮，茨菇丛生，群鱼活泼自如地游嬉其间，或张口唼喋横流而过，或摆尾游潜，洄游于萍藻之间，画面上部一株柳枝横斜出来。画法线描晕染，用笔工细，墨韵湿润而体态清秀，把水中鱼藻的质感表现得非常逼真。

款识：唐岱敬绘时年七十有五。

钤印：唐岱，毓东。见附图81。

82.《万山堆秀图》，立轴，绢本设色，尺寸：86×56厘米。

题识：古房清磴接，深殿紫烟浓。乾隆六年元旦，唐岱敬画。由此可以推断出此画的创作年代为1741年（乾隆六年 辛酉）。

钤印：岱字毓东、考古、御赐迈古堂。见附图82。

83. 清 唐岱、丁观鹏院本《十二月令图》局部，立轴，绢本设色，尺寸：175.0×97.0厘米。

图中虽未题作者姓名，从笔墨观察，应是清代画院中唐岱、丁观鹏等人合作的作品。描画十二个月中民家之生活情景。

藏中国台北故宫博物院。见附图83。

84.《白云红树图》，立轴，纸本设色，尺寸：133×74厘米。

款识：白云红树。雍正岁次癸丑中秋，唐岱敬画。由此可以推断，此画创作年代为1733年（雍正十一年 癸丑）。

钤印：古唐括氏、岱字毓东。见附图84。

85.《秋山图》，立轴，绢本设色，尺寸：162×83厘米。

图绘崇山叠嶂，霭横晴峦，曲流小径，蜿蜒于隔山之壑。笔墨苍古秀逸，连皴带染，古朴典雅，尽见功力。

款识：容庚题签、英和题跋。

此轴上方为清朝书法家索绰络·英和（1771－1840年）的题诗，“吴天章题云林秋山图云：经营惨澹意若何，渺渺秋山远远波。岂但秾华谢桃李，空林黄叶亦无多。甲申之秋，英和”。

作者自题：“枫崖澹秋气，松涧冷泉声。乾隆十四年，岁次己巳立冬日，仿关仝写唐人诗意，静岩唐岱，时年七十有七。”

钤印：白文印“御赐画状元”“岱字毓东”“考古”三方。见附图85。

86. 王翚、唐岱等合作《芝仙书屋图》，立轴，纸本设色，尺寸：129×68厘米。

此图是由王翚、王原祁、禹之鼎等二十九人合作而成。

王翚题识：“耕烟散人王翚再补远山一角，丁丑三月朔似芝仙同学先生笑正。”由王翚的题识可知，此图作于1697年（康熙三十六年，丁丑）。

合作者分别题识画上，他们是黄鼎增补高远岫屋后乱竹，马是行写山树远村，孙衍栻补水色，沈坚补亭阁，刘石龄补板桥烟渚，郑淮补塔，王翚写松石补远山，杨豹补山后松，马昂增远松萧寺，于琰添梧竹山石，禹之鼎写寒林茅屋，王原祁加丛竹，宋骏业画竹里茅亭，方孝维写双飘雁字，唐岱补水阁傍树，周兹写坡石，顾士琦补落叶，张振岳补曳杖主人及童子，顾昉画海桐，许容补小树，姚匡补平沙细草，冯纕点鸥鸟，杨晋写梧竹，王永补鹤，李坚补菊，邓熯补柳，黄卫芦荻渔舟，顾草补芝，钱珍补芦里鱼罾。

藏于广东省博物馆。见附图86。

附录四 《绘事发微》（于安澜辑《画论丛刊》本）

《绘事发微》/清·唐岱

陈序

画为六书之一，象形是也。而形者必借于无形，故同是山也、水也、石也、林木也，而工拙殊；同一工也，而法派异。有形者易肖，无形者难知，所以画工如毛，而名家者不世出。唐子静岩，长白功臣裔也，世其爵，任骁骑参领。思得其一水一石而虚怀莫遂者，众矣。海内良画师，皆以为不愧夫名家者也。余两罢郡守，俱以恩命入役殿廷，睹所作，窃叹其工。人所拙能，肖迹唯法，乃能通神。其泼墨命意，岂可得而形求也哉？一日，出其所述《绘事发微》一册示余，读之令名山大川，跃跃欲出肘腕，盖法无形也而缕析之，若悬象之著于霄，形无形，无形形矣，微之所以显乎。后之学者，循是以往，而不克名其家者，未之有也。虽然，非有会心于其微焉，则亦徒有是书耳。惟微无形。山也、水也、石也、林木也，形也。山水石林木之形具，而曰非山水石林木，可乎？然则是固不可以几此，况其非乎？则今之形是其山水石林木者，固不可与读是书，而于山水石林木之形之外，求山水石林木者，尤不可与读是书也。吾将与什袭藏之，以待夫可与读是书者矣。

康熙五十七年，岁次戊戌，五月既望，长沙陈鹏年题于燕山寓庐

沈序

国家当奕叶重光之后，云星烂陈，河海清晏，草木向荣，鸟兽咸若。一时之学士大夫，乐观大化之成，兴寄所至，形为图绘，有笔歌墨舞之趣。此固其人之好古深思，心知其意，亦以见国家之盛，诗书礼乐之泽之所涵濡而沾溉者，固若是其宏且远也。自余官京师三十余年，值四方无事之日，天子垂裳，群工奏绩。余以驽钝下材，得优游词垣，以绘事自娱。赵董二文敏，胥吾师也。顾余生也晚，时时有不见古人之恨。长白唐静岩先生，与余夙称同嗜，每一命笔，辄具体古人笔意，又时时有古人不见我之恨。先是，先生有论画书未脱稿，余屡索之不可得。今岁之春杪，余以休沐余闲，相从竟日，极论画理。先生书适成，乃亟取展读，则荆、关、董、巨诸大家所为得意磅礴、妙绝今古者，俱一一浮动于楮墨之间。异哉，先生之论画，一至此乎！曩从先生阅唐氏家乘，其先赠光禄公，从戎辽左，有择主之明，有先登之勇，有死事之烈，先朝特授世爵，子孙罔替，典至渥也。光禄公丁逆藩之变，出师汉中，力守危城，百二山河，所恃以安堵无恐者，皆公力也。先生振其家声，克绍云台烟阁之烈，我国家亲臣世臣之选，舍先生奚属哉。乃余接其人，臞然弱不胜衣；聆其言，呐然如不出口。酒后耳热，泼墨淋漓，气韵生动。又能直达所见，撰述成书。右丞所云夙世词客，前身画师者，殆其是乎？余尝观史传所载，凡一代帝王之兴，必有命世之人杰，为之奔走御侮，以成摧陷廓清之业。迨阅一再传，其后人不克光大前人之绪，下者怙侈蔑法，上者相与出入班行，享庸庸之福而已。如先生者，求之史传诸勋旧子姓中，殆未能概见也。两光禄以忠顺勤劳，并著经纶之会，先生以清和淹雅，独擅笔墨之华，盖能世济其美者矣。国史家传，辉煌后先，余用是叹唐氏之世不乏人，而我国家景运之隆，文治之洽，所以上媲唐虞，而下轶殷周者，其在斯乎，其在斯乎！是为叙。

康熙丁酉八月朔，双鹤老史沈宗敬题

自序

夫画，一艺耳，苟学之有得，每不能自已，而积习在焉。王右丞诗云：“夙世谬词客，前身应画师。”此之谓也。学者能勿忘勿助，历尽阃奥，则琴师之琴，冶工之冶，尚可以仙，艺成而下，即道成而上矣。圣贤之游艺，与夫高人逸士，寄情烟霞泉石间，或轩冕巨公，不得自适于林泉，而托兴笔墨，以当卧游，皆在所不废。世之传画，良有以也。余幼赋性疏野，读书之暇，有志画学。既壮，念先世从龙御侮，受恩深重，思及时有所建白。迨两试不售，身膺武职，从军塞外，万里奔驰，而未获报称，归即益潜心此道，今三十余年矣。昔人学书，而池水尽墨，画被至穿，读书而三年不窥园，燃柴映雪以终夕。今予一官白首，虽不敢追踪往古，而日事翰墨，未尝少倦。唯恐学之日短，空自成癖。因举画中六法三昧，前人言而未尽者，以至于山水根源、阴阳向背、丘壑位置、用笔用墨、皴染着色，种种诸法，略抒管见，以志一得。然言之无文，恐不足为斯道一助，要亦见余之数十年中，积习未忘，有不能自已者如此云。

正派

画有正派，须得正传，不得其传，虽步趋古法，难以名世也。何谓正传？如道统自孔孟后，递衍于广川、昌黎，至宋有周、程、张、朱，统绪大明。元之许鲁斋，明之薛文清、胡敬斋、王阳明，皆嫡嗣也。画学亦然。派始于伏羲画卦，以通天地之德。史皇收虫鱼卉木之形，以抒藻扬芬，笔端造化于是始逗漏一斑矣。传曰：画者成教化、明人伦、穷神变、测幽微，与六籍同功。盖精于画者，尝间代而一出也。唐李思训、王维，始分宗派。摩诘用渲淡，开后世法门，至董北苑则墨法全备。荆浩、关仝、李成、范宽、巨然、郭熙辈，皆称画中贤圣。至南宋院画，刻画工巧，金碧焜煌，始失画家天趣。其间如李唐、马远，下笔纵横，淋漓挥洒，另开户牖。至明戴文进、吴小仙、谢时臣，皆宗之。虽得一体，究于古人背驰，非山水中正派。此亦如庄、列、申、韩诸子，虽各著书名家，可同鲁论、邹孟耶？元时诸子，遥接董、巨衣钵，黄公望、王蒙、吴镇、赵孟頫，皆得北苑正传，为元大家。高克恭、倪元镇、曹知白、方方壶，虽称逸品，其实一家之眷属也。明董思白衍其法派，画之正传，于焉未坠。我朝吴下三王继之。余师麓台先生，家学师承，渊源有自，出入蹂躏于子久之堂奥者有年，每至下笔得意时，恒有超越其先人之叹。近日同学诸子，各具所长，探讨六法，深究三昧，为之别白其源流如此，未知将来谁拔赤帜也。

传授

凡画学入门，必须名师讲究，指示立稿，如山之来龙起伏，阴阳向背，水之来派近远，湍流缓急，位置稳妥，令学者得用笔用墨之法，然后视其笔性所近，引之入门。俟皴染纯熟，心手相应，则摹仿旧画，多临多记，古人丘壑，融会胸中，自得六法三品之妙。落笔腕下眼底，一片空明，山高水长，气韵生动矣。学至此，所谓有可以神会，而不可以言传者也。今之学人，娱于旁蹊邪径，专以工细为能，敷彩暄目，一入时蹊（金陵纱灯派），终身不能自拔，岂不惜哉。昔关仝事荆浩，有出蓝之誉；巨然师董源，深造堂奥，开元四大家法门；李将军子昭道，米海岳子友仁，郭河阳子若孙，皆得家传，称为妙品。盖有本也。

品质

古今画家，无论轩冕岩穴，其人之品质必高。昔李思训为唐宗室，武后朝遂解组遁隐，以笔墨自适，卢鸿一征为谏议大夫，不受，隐嵩山，作

《草堂图》。宋李成游艺不仕。元吴仲圭不入城市，诛茅为梅花庵，画《渔父图》，作《渔父词》，自名烟波钓叟。倪云林造清秘阁独居，每写溪山自怡。黄子久日断炊，犹袒腹豆棚下，悠然自适，常画虞山。此皆志节高迈，放达不羁之士，故画入神品，尘容俗状，不得犯其笔端，职是故也。少陵诗云："五日画一水，十日画一石。能事不受相促迫，王宰始肯留真迹。"斯言得之矣。古人原以笔墨怡情养神，今人用之图利，岂能得画中之妙耶？可慨也已。

画名

画家得名者有二。有因画而传人者，有因人而传画者。如王右丞、李将军、荆、关、董、巨、李成、范宽、郭熙辈，以画传人也。若地位之尊崇，如宋仁宗、徽宗、燕恭王、肃王、嘉王、南唐后主；道德之隆重，如司马君实；学问之渊博，品望之高雅，如文与可、苏子瞻诸公，以人传画也。因人传画者，代代有之，而因画传人者，每不世出。盖以人传者，既聪明富贵，又居丰暇豫，而位高善诗，故多。以画传者，大略贫士卑官，或奔走道路，或扰于衣食，常不得为，即为亦不能尽其力，故少。然均之皆深通其道，而后能传，道非兼通文章书法而有之，则不能得，故甚难。画之树石山寺，村墟桥梁，如文之句法也。丘壑位置，景物境界，如文之章法也。其操笔伸纸，经营惨淡，大幅小方，狮子之搏兔，象文之临题也。至于山之轮廓，树之枝干，用书家之中锋，皴擦点染，分墨之彩色，用书家之真草篆隶也。今亦有用笔纯熟，似得笔墨之趣，而位置错杂，如善书者写无法之文。又有笔力不到，皴染不熟，而临摹成迹，如幼童抄古文。是二者皆不能得其道。世有善文而不能善书，善书而不能善文者，而画家必兼二家之法而后可。然则非精于六法六要，知三品三病，笔坚墨妙，境界幽深，气韵浑厚，意味脱洒，而深得其道者不能传。而古人之画名，岂易得哉。

丘壑

画之有山水也，发挥天地之形容，蕴藉圣贤之艺业。如山主静，画山亦要沉静。立稿时须凝神澄虑，存想主山从何处起，布置穿插，先有成见，然后落笔，使主山来龙起伏有环抱，客山朝揖相随，阴阳向背，俱各分明。主峰之胁，傍起者为分龙之脉，右耸者左舒，左结者右伸。两山相交处，可出流泉。峦顶上宜攒簇窠丛。悬崖直壁，势虽险峻，而宜稳妥，矫树垂藤，悬披斜挂。山麓坡脚，须置大树长松，三之五之，或欹斜而探水，或耸直而凌云。沙水穿插，潆洄石间，危桥渔艇，相景而作。村墟烟火，宜在藏风聚气之所。孤亭草阁，水涯岩边，参差间出。主山来龙，不过三折；客山迤逦，只用两层。飞瀑向冈峦窄狭中陡落。山腹旷阔，须有云烟缭绕。古塔殿脊，树丛中微露一二。孤峰要瘦，遥瞻主山。画远山，远则低，近则高，但不可越出主山，以损气势，用一层，用两层，衬靠近山，并以有情为妙。诀曰：岑峦辨明晦，林木须高下。以树根之参差，分坡脚之近远。至于烟岚云霭，或有或无，总在隐没之间写照。一草一木，各具结构，方成丘壑。知此中微奥者，必要虚中求实，实里用虚，然后四时之景，由我心造，山川胜概，宛然目前。学者能运用规矩之中，神明规矩之外，庶几其得之矣。

笔法

用笔之法，在乎心使腕运，要刚中带柔，能收能放，不为笔使。其笔须用中锋。中锋之说，非谓把笔端正也。锋者，笔尖之锋芒，能用笔锋，则落笔圆浑不板，否则纯用笔根，或刻或偏，专以扁笔取力，便至妄生圭角。昔人云：用笔三病：一曰板，二曰刻，三曰结。板者，腕弱笔痴，全亏取与，物状平褊，不能圆浑也。刻者，运笔中凝，心手相戾，勾画之际，妄生圭角也。结者，欲行不行，当散不散，与物凝碍，不得流畅也。此千古不易之法。近有作画用退笔秃笔，谓之苍老，不知非苍老，是恶癞也。但能用笔锋者，又要练笔。朝夕之间，明窗净几，把笔拈弄。或画枯枝夹叶，或画坡脚石块，如书家临法帖相似。不时摹仿树石式样，必使枝叶生动飘荡，坡石磊落苍秀，方可住手。此练笔之法也。学力到，心手相应，火候到，自无板刻结三病矣。用笔之要，余有说焉。存心要恭，落笔要松。存心不恭，则下笔散漫，格法不具。落笔不松，则无生动气势。以恭写松，以松应恭，始得收放，用笔之诀也。

墨法

用墨之法，古人未尝不载，画家所谓点、染、皴、擦四则而已。此外又有渲淡、积墨之法。墨色之中，分为六彩。何为六彩？黑、白、干、湿、浓、淡是也。六者缺一，山之气韵不全矣。渲淡者，山之大势皴完，而墨彩不显，气韵未足，则用淡墨轻笔，重叠搜之，使笔干墨枯，仍以轻笔擦之，所谓无墨求染。积墨者，以墨水或浓或淡，层层染之，要知染中带擦。若用两支笔，如染天色云烟者，则错矣。使淡处为阳，染之更淡则明亮，浓处为阴，染之更浓则晦暗。染之墨色带黄，方得用墨之铿锵也。画树石一次就完，树无蓊蔚葱茂之姿，石无坚硬苍润之态，徒成枯树呆石矣。故洪谷子常嗤吴道子画有笔而无墨，项容画有墨而无笔。盖有笔而无墨者，非真无墨也，是皴染少，石之轮廓显露，树之枝干枯涩，望之似乎无墨，所谓骨胜肉也。有墨而无笔者，非真无笔也，是勾石之轮廓，画树之干本，落笔涉轻，而烘染过度，遂至掩其笔，损其真也，观之似乎无笔，所谓肉胜骨也。墨有六彩，而使黑白不分，是无阴阳明暗；干湿不备，是无苍翠秀润；浓淡不辨，是无凹凸远近也。凡画山石树木，六字不可缺一。然用墨不可太浓，浓则失其真体，掩没笔迹，而落于浊。亦不可太淡，淡则气弱而怯也。须要自淡渐浓，不为墨滞。古云：惜墨如金。是不易用浓墨也。过与不及皆病耳，惟循乎规矩，本乎自然，养到功深，气韵淹雅，用墨一道，备于此矣。

皴法

夫皴法须知本源来派，先要习成一家，然后皴山皴石，方能入妙。昔张僧繇作没骨图，是有染而无皴也。李思训用点攒簇而成皴，下笔首重尾轻，形似丁头，为小斧斫皴也。王维亦用点攒簇而成皴，下笔均直，形似稻谷，为雨雪皴也，又谓之雨点皴。二人始创其法，厥派遂分，李将军为北宗，王右丞为南宗。荆、关、李、范，宋诸名家皴染，多在二子之间。惟董北苑用王右丞渲淡法，下笔均直，以点纵长，变为披麻皴。巨然继之，开元诸子法门。至南宋刘松年画石，少得李将军之糟粕，李唐近之。夏圭、马远，一变其法，用侧笔皴，以至用卧笔带水搜，谓之带水斧斫，讹为北宗，实非李将军之肖子也。又有解索皴、卷云皴、荷叶筋之皴。古人作画，非一幅画中，皴染亦非一格。每画到意之所至，看山之形势，石之式样，少变笔意。郭河阳原用披麻，至矶头石，用笔多旋转似卷云。王叔明喜用长皴，皴山峦准头，用笔多弯曲似解索。赵松雪画山，分脉络似荷叶筋。此三家皴，皆披麻之变体也。盖皴与染相洽，皴用干湿，染分浓淡，山水全凭皴染得苍润嵯峨之致。或云：多皴多染则腻滞，皴染少则薄而不厚。非也。皴染之法，仍归于落笔，落笔轻松，用意娴雅，则不腻不薄也。总之，皴要毛而不滞，光而不滑，得此方入皴染之妙也。

附录四 《绘事发微》（于安澜辑《画论丛刊》本）

着色

山有四时之色，风雨晦明，变更不一，非着色无以像其貌。所谓春山艳冶而如笑，夏山苍翠而如滴，秋山明净而如妆，冬山惨淡而如睡，此四时之气象也。水墨虽妙，只写得山水精神，本质难于辨别。四时山色，随时变现呈露，着色正为此也。故画春山，设色须用青绿，画出雨余芳草，花落江堤，或渔艇往来，水涯山畔，使观者欣欣然。画夏山，亦用青绿，或用合绿赭石，画出绿树浓荫，芰荷馥郁，或作雨霁山翠，岚气欲滴，使观者翛翛然。画秋山，用赭石或青黛合墨，画出枫叶新红，寒潭初碧，或作萧寺凌云汉，古道无行人景象，使观者肃肃然。画冬山，用赭石或青黛合墨，画出寒水合涧，飞雪凝栏，或画枯木寒林，千山积雪，使观者凛凛然。四时之景，能用此意写出，四时山色，俨在楮墨之上，英英浮动矣。着色之法贵乎淡，非为敷彩暄目，亦取气也。青绿之色本厚，若过用之，则掩墨光以损笔致。以至赭石合绿，种种水色，亦不宜浓，浓则呆板，反损精神。用色与用墨同，要自淡渐浓，一色之中，更变一色，方得用色之妙，以色助墨光，以墨显色彩。要之，墨中有色，色中有墨，能参墨色之微，则山水之装饰，无不备矣。

点苔

点苔之法，未易讲也。一幅山水，通体片段，皴染已完，要细玩搜求，何处墨光不显，阴凹处不深，加之以苔。有可点不可点之妙，正在意会。点之恰当，如美女簪花；不当，如东施效颦。盖点苔一法，为助山之苍茫，为显墨之精彩，非无意加增也。古画有不点者，皆皴染入妙，石面棱层，无光滑之病，墨色神彩不暗，故无所事乎点苔。点苔之诀，或圆，或直，或横。圆者笔笔皆圆，直者笔笔皆直，横者笔笔皆横，不可杂乱颠倒，要一顺点之。用笔如蜻蜓点水，落纸要轻，或浓或淡，有散有聚，大小相间，于山又添一番精神也。山头石面，当点之处，微加数点，望之愈觉风致飘逸。近有率意加点，不知当与不当，使观者望之，如鼠粪堆积。大点者如瓜子铺陈几案，更有如小谷米形工致细点，如石之轮廓，或山头石面，周遭点之，笔墨之趣，尽被淹没，望之似蟆背蚁阵。皆不知点苔之法也。不知其法，妄以点苔为遮石面之丑，不知石之筋纹画就，其败笔痈肿之病已成，愈遮而丑愈出矣。学者其微参之可也。

林木

画林木要知攒聚疏散。以浓荫浅深，分其近远，用笔曲折之中，得坚硬苍健之势。更以墨之浓淡，分缀枝叶，自具重叠深远之趣。老树多屈节，纽裂有纵横之状。嫩树多柔条，摆荡有阴郁之姿。洪谷子诀曰：笔有四势，筋、骨、皮、肉是也。笔绝而不断谓之筋，缠转随骨谓之皮，笔迹刚正而露节谓之骨，伏起圆浑谓之肉。尤宜骨肉相辅也。松似龙形，环转回互，舒伸屈折，有凌云之致。柳要迎风探水之态，以桃为侣，每在池边堤畔，近水有情。山麓杂树，密林丛窠，当有丰茂之容。坡陀大树，或三或五，须得苍健高耸。枯树枝干宜丫槎，似鹿角，似螳螂，俱要参差。大凡树生于石者，根拔而多露；生于土者，深培而本直，微见其根；临水者，根长似龙之探爪，而多横伸。其遥峦远岫，或桧或杉，攒簇稠密，深远不测，似有山禽野兽，迷藏穴中。平畴小树，只用点朵而成，烟霭掩映，以断其根，要使径露。平远景内，更宜层层叠叠，似隐山村聚落。画树之形，种种不一，至于墨叶夹叶，俱要生动，枝干停停，有曲有伸。古云：树为山之衣。山若无树，则无仪盛之容。盖四时景象，亦随渲淡衬托而出，春要华盛，夏要蓊郁，秋要凋零，冬要丫槎。此法在作者罕能精究，况观者乎。

坡石

坡石要土石相间，石须大小攒聚。山之峦头领上出土之石，谓之矾头，其棱面层叠。山麓坡脚，有大小相依相辅之形。有平大者，有尖峭者，横卧者，直竖者，体式不可雷同。或嵯峨而楞层，或朴实而苍润，或临岸而探水，或浸水而半露。沙中碎石，俱有滚滚流动之意。画石以欹斜取势，要见两面三面，而坡脚与石相连，石嵌土内，土掩石根，崒屼嶙峋，千状万态。石纹多端，皴法随亦尽变。今人作画，不知古人格法，任己意落笔，从山脚画起，以碎石攒成大石，以大石叠垒成山，直至垒到山头方始住手。是所谓堆砌也，乌睹所谓雄浑崔巍者哉！画山大病，最忌山脉不连络，气势不贯串。古法布局起稿，先钩大山之轮廓，其矾头坡脚石块，是随手相衬增补耳。石乃山之骨，其体质贵乎秀润苍老，忌单薄枯燥。画石之法，不外此矣。

水口

夫水口者，两山相交，乱石重叠，水从窄峡中环绕湾转而泻，是为水口。巉岩峻岭，一水如匹练，从上直垂于万仞之下，怒涛腾沸者，瀑泉也。山麓之下，回互缓流，伏而复出，滩泥纵横，沙脚穿插，碎石滚滚者，溪水也。若溪水澜漫，其中则有沙汀烟渚，芦草茸茸，凫雁水禽，栖飞其上，小艇荡漾其中，有水阔天空之状，此山水家每用之。画水口垂瀑，须从流水之两旁皴染，使阴凹黑暗，以显石面凸出，水向峡中流出。水口之上，垂瀑源头，宜加苔草遮映，一派一滴，皆要活泼，似有潺湲之声，故宋人多作波纹，有沄沄之态。元人但点缀碎石沙痕，有流动之形，皆得水之容貌也。今人有未见真山水面目者，辄画波纹风浪，则板刻不舒畅，沙脚碎石，则凝碍不流动，画瀑泉从山顶挂下，或向石面垂流，终于古人背驰，不免观者一

远山

远山为近山之衬贴，要得稳妥，乃一幅画中之眉目也。画远山或尖或平，染之或浓或淡，或重叠数层，或低小一层，或远峰孤耸，或云遮半露。古人亦有不作远山者，为主峰与客山得势，诸峰罗列，不必头上安头故也。凡此俱在临时相望，增添尽致，不可率意涂抹。今人以画远山为易事，所见只用染法，而无笔意。不知染中存意，兼有笔法，似此画出远山，才有骨骼。古画中远山，或前层浓后层淡，或前层淡后层反浓者，今人不解其意乃是夕阳日影倒射也。而远山之大小尖圆，总要与近山相称，不可高过主峰。使观者望之，极目难穷，起海角天涯之思，始得远山意味。凡信手染出，似近山之影，又两边排偶，峰头对齐，皆是远山之病。如此者，画师岂易为哉。

云烟

夫云出自山川深谷，故石谓之云根。又云夏云多奇峰，是云生自石也。石润气晕则云生，初起为岚气，岚气聚而不散，薄者为烟，烟积而成云。云缥缈无定位，四时气象，于是而显。故春云闲逸，和而舒畅；夏云阴郁，浓而叆叇；秋云飘扬，浮而清明；冬云玄冥，昏而惨淡。此辨四时之态也。凡画须分云烟，且云有停云、游云、暮云，烟有轻烟、晨烟、暮烟。烟最轻者为霭，霭浮于远岫遥岑，霭重阴昏则成雾，雾聚则朦胧。云烟雾霭，散入天际，为日光所射，红紫万状而为霞，霞乃朝夕之气晖也。王右丞《山水诀》云：闲云切忌芝草样。今人画云，勾勒板刻，往往犯此病。又以云烟遮山之丘壑不妥处，每画来龙，穿凿悖谬，以云烟遮掩。殊不知古人云烟取秀，云锁山腰，愈觉深远，非为遮掩设也。画云之诀在笔，落笔要轻浮急快。染分浓淡，或干或润。润者渐渐淡去，云脚无痕。干者用干笔以擦云头，有吞吐之势。或勒画停云，以衔山谷。或用游云，飞抱远峰。笔墨之趣，全在于此。总之云烟本体，原属虚无，顷刻变迁，舒卷无定。每见云栖霞宿，瞬息化而无踪，作者须参悟云是镂巧而成，则思过半矣。

风雨

大块之噫气为风，起于巽方，以应四时之节候。故春为和风则暖，夏为熏风则温，秋为金风则凉，冬为朔风则寒。又有迅风、暴风、清风、微风。风虽无迹，要看云头雨脚，草木飞扬，遇物而无阻碍者，皆顺也，反此则逆矣。凡画清风、微风，树杪柳梢，摇曳多姿。画迅风、暴风，拔木偃草，山摇海沸，有疾拂千里之势。雨随风作，亦有急骤微细之判。然雨有迹，画无迹，但染云气下降，以随风势，湿气上蒸，烟雾杳暝，野水涨溢，隔岸人家在隐现出没之间，林木枝叶离披，丰草低垂。总在微茫缥缈之中，一一点逗呈露，斯为有得。凡画雨景者，须知阴阳气交，万物润泽，而以晦暗为先。次看云脚风势，总要阴晦气象。历观往迹，余为米海岳首屈一指焉。

雪景

雪景之作，王右丞有《辋川积雪》，巨然有《雪图》，至李营丘画雪景，曲尽其妙，所作《枯木寒林图》，深得严冬凛冽之状。许道宁亦有《渔庄雪霁图》，后虽有作者，各得一体，不能出营丘之范围也。凡画雪景，以寂寞黯淡为主，有元冥充寒气象。用笔须在石之阴凹处皴染，在石面高平处留白，白即雪也。雪压之石，皴要收短，石根要黑暗，但染法非一次而成，须数次染之，方显雪白石黑。其林木枝干，以仰面留白为挂雪之意，松柏杉桧，俱要雪压枝梢。或行旅踏雪，须戴毡笠氅衣，有冲寒冒雪之状。陡壑绝壁，用栈补樵路，危桥相接不绝。山寺人家，须静掩柴扉，尘嚣不至。雪图之作无别诀，在能分黑白中之妙，万壑千岩，如白玉合成，令人心胆澄澈。古人以淡墨积雪为尚，若用粉弹雪，以白笔勾描者，品则下矣。

村寺

凡画山寺殿宇，宜作重檐飞梢，浮图插云，在高岩绝壁之处，松杉掩映，似有高僧隐士，栖止其上，使观者顿生世外之想。谷内村墟，宜有深林遮蔽，少露屋脊，樵径斜穿，盘纡曲折而下。山麓茅店，可当途小亭，踞林麓幽绝处。至两峰狭窄之间，宜筑关隘，只一路可通。磴道断崖，须以栈补。涧水奔流，则搭危桥，以通行旅。城垣惟画古堞烟墩，或在岭巅峰畔，山缺处用城堞接连，望之真似人迹不到处也。或雁度寒云，或马嘶古道，或崇山峻岭，陡开大阳，旷野平林，烟火攒簇，樵斧耕锄，隐约在目，是隐遁所居也，在北地则有之。虾房蟹舍，或采菱，或捕鱼，小舟荡漾，来往浓荫之下，柳堤花坞，尽在春光骀荡之中，水乡人家，桔槔声起，牛背笛声，两两归来，此耕田凿井余风也，在江南则有之。能画者品四时之景物，分南北之风俗，明乎物理，察乎人事。禽鸟之类，如黄鹂白鹭，晚鸦征鸿，随时点缀，生意盎然。聊举规模，会心不远，有才思者，得此参悟，可用标山水之胜概云尔。

得势

夫山有体势，画山水在得体势。山之体，石为骨，林木为衣，草为毛发，水为血脉，云烟为神采，岚霭为气象，寺观村落桥梁为装饰也。盖山之体势似人，人有行走坐卧之形，山有偏正欹斜之势。人有四肢，山有龙脉分干。譬之看人站立，其手足分寸，骨节长短，无不合体。看人坐卧，或一手伸而长，一手曲而短，非伸者长曲者短也，不过是形势换耳。故看山近看是如此形势，远数里则少换，再远数十里则又换，逾远逾异。移步换影之说，岂不信哉。故看正面山如此，看侧面山不同，看背面山又不同。正面山之转折起伏，要通景中合正面山之形势，侧面山之转折起伏，要通景中合侧面山之形势。少有不合，便成悖谬。此山之移步换影之说也。如人在日光中站立，足步少移，其全身之影皆换，左足动，则全身形影合左足动移之势，右足动，则全身形影合右足动移之势。看山何独不然，人之看山，远近偏正不一，山之体貌既殊。而四时之色，风雨晦明，朝暮变态，更自不同。形势虽不同，而山体更要入骱。山有山脚、山腰、山肩、山头，其最难入骱者，山头也。画山头多不得一点，又少不得一点，要在入骱而已。且画山则山之峰峦树石，俱要得势。岭有平夷之势，峰有峻峭之势，峦有圆浑之势，悬崖有危险之势，遥岑远岫有层叠之势，石有棱角之势，树有矫獰之势。诸凡一草一木，俱有势存乎其间，画者可不悉哉。主山，一幅中纲领也，务要崔嵬雄浑，如大君之尊也。群峰拱揖而朝，四面辐辏。布局立稿，落笔时一得大势，作者先自悦目畅怀，遂笔笔得趣，皴染如意，有自得之乐。故洪谷子云：意在笔先。俟机发落笔，心会神融，自然得山之形势也。然人心不静，则神不全，意不纯，思不竭，草草落笔，则山之大势不得，意兴索然。故画山水起稿定局，重在得势，是画家一大关节也。

自然

自天地一阖一辟，而万物之成形成象，无不由气之摩荡自然而成。画之作也亦然。古人之作画也，以笔之动而为阳，以墨之静而为阴。以笔取气为阳，以墨生彩为阴。体阴阳以用笔墨，故每一画成，大而丘壑位置，小而树石沙水，无一笔不精当，无一点不生动。是其功力纯熟，以笔墨之自然，合乎天地之自然，其画所以称独绝也。然工夫至此，非粗浮之所能知，亦非旦暮之间所可造。盖自然者，学问之化境，而力学者，又自然之根基。学者专心笃志，手画心摹，无时无处，不用其学，火候到则呼吸灵，任意所至，而笔在法中，任笔所至，而法随意转。至此则诚如风行水面，自然成文，信手拈来，头头是道矣。所谓自然者，非乎？语云：造化入笔端，笔端夺造化。此之谓也。

气韵

画山水贵乎气韵。气韵者，非云烟雾霭也，是天地间之真气。凡物无气不生，山气从石内发出，以晴明时望山，其苍茫润泽之气，腾腾欲动。故画山水以气韵为先也。谢赫所云六法，一曰气韵生动，二曰骨法用笔，三曰应物象形，四曰随类傅彩，五曰经营位置，六曰传模移写。六法中原以气韵为先，然有气则有韵，无气则板呆矣。气韵由笔墨而生，或取圆浑而雄壮者，或取顺快而流畅者，用笔不痴不弱，是得笔之气也。用墨要浓淡相宜，干湿得当，不滞不枯，使石上苍润之气欲吐，是得墨之气也。不知此法，淡雅则枯涩，老健则重浊，细巧则怯弱矣。此皆不得气韵之病也。气韵与格法相合，格法熟则气韵全。古人作画岂易哉。

临旧

凡临旧画，须细阅古人名迹。先看山之气势，次究格法，以用意古雅，笔精墨妙者为尚也。而临旧之法，虽摹古人之丘壑梗概，亦必追求其神韵之精粹，不可只求形似。诚从古画中多临多记，饮食寝处，与之为一，自然神韵浑化，使蹊径幽深，林木荫郁，古人之画，皆成我之画，有不恨我不见古人，恨古人不见我之叹矣。故临古总要体裁中度，用古人之规矩格法，不用古人之丘壑蹊径。诀曰：落笔要旧，景界要新，何患不脱古人窠臼也。

读书

画学高深广大，变化幽微，天时、人事、地理、物态无不备焉。古人天资颖悟，识见宏远，于书无所不读，于理无所不通，斯得画中三昧。故所著之书，字字肯綮，皆成诀要，为后人之阶梯，故学画者宜先读之。如唐王右丞《山水诀》、荆浩《山水赋》，宋李成《山水诀》、郭熙《山水训》、郭思《山水论》《宣和画谱》《名画记》《名画录》《图绘宗彝》《画苑》《画史会要》《画法大成》，不下数十种。一皆句诂字训，朝览夕诵，浩浩焉，洋洋焉，聪明日生，笔墨日灵矣。然而未穷其至也。欲识天地鬼神之情状，则《易》不可不读。欲识山川开辟之峙流，则《书》不可不读。欲识鸟兽草木之名象，则《诗》不可不读。欲识进退周旋之节文，则《礼》不可不读，欲识列国之风土，关隘之险要，则《春秋》不可不读。大而一代有一代之制度，小而一物有一物之精微，则二十一史，诸子百家，不可不读也。胸中具上下千古之思，腕下具纵横万里之势，立身画外，存心画中，泼墨挥毫，皆成天趣，读书之功，焉可少哉。《庄子》云：知而不学，谓之视肉。未有不学而能得其微妙者，未有不遵古法，而自能超越名贤者。彼懒于读书，而以空疏从事者，吾知其不能画也。

游览

山水家与人物家不同。画人物者，只画峭壁，或画一岩，以至单山片水，是点景而已。至山水之全景，须看真山。其重叠压覆，以近次远，分布高低，转折回绕，主宾相辅，各有顺序。一山有一山之形势，群山有群山之形势也。看山者，以近看取其质，以远看取其势。山之体势不一，或崔嵬、或嵯峨、或雄浑、或峭拔、或苍润、或明秀，皆入妙品。若能饱观熟玩，混化胸中，皆足为我学问之助。古云：不破万卷，不行万里，无以作文，即无以作画也。诚哉是言。如五岳四镇、太白匡庐、武当王屋、天台雁荡、岷峨巫峡，皆天地宝藏所出，仙灵窟宅。今以几席笔墨间，欲辨其地位，发其神秀，穷其奥妙，夺其造化，非身历其际，取山川钟毓之气，融会于中，又安能办此哉。彼羁足一方之士，虽知画中格法诀要，其所作终少神秀生动之致，不免纸上谈兵之诮也。古云画有三品：神也，妙也，能也。而三品之外，更有逸品。古人只分解三品之义，而何以造进能到三品者，则古人固有所未尽也。余论欲到能品者，莫如勤依格法，多自作画。欲到妙品者，莫如多临摹古人，多读绘事之书。欲到神品者，莫如多游多见。而逸品者，亦须多游。寓目最多，用笔反少。取其幽僻境界，意象浓粹者，间一寓之于画，心溯手追，熟后自臻化境，不羁不离之中，别有一种风姿。故欲求神逸兼到，无过于遍历名山大川，则胸襟开豁，毫无尘俗之气，落笔自有佳境矣。

跋

国朝诸画家，二王、吴、恽，人与笔墨而俱高。其在廊庙者，麓台侍郎以山水，小山侍郎以花卉，象洲别驾以人物，皆旗鼓相当，各开生面。一时之盛，亦千秋之光也。山水绪论，自《画禅室随笔》以后，罕有著述，清秘莫窥，最为缺典。今得《发微》一书，烟云变幻，风雨合离，缃素英华，于是乎一泄。香光复起，当欣然首肯，不相河汉矣。

丙申夏日，震泽杨复吉识

附图说明

图1 《青山放舟图》

图2 《秋日摹巨然烟浮远岫笔意》册页

图3 《红树秋山图》

| 图4-1-1

| 图4-1-2

| 图4-1-3

| 图4-1-4

图4-1-5

图4-1-6

图4-1-7

图4-1-8

| 图4-1-9

| 图4-1-10

图4-1-11

图4-1-12

图4-1 《仿古山水》册页（天津艺术博物馆藏本、意大利沃尔特斯艺术博物馆本）

图4-2-1

图4-2-2

图4-2-3 |

图4-2-4 |

图4-2-5

图4-2-6

图4-2-7

图4-2-8

图4-2　意大利沃尔特斯艺术博物馆版本《仿古山水册》

图5-1

图5-2

图5-3

图5-4

图5-5

图5-6

图5-7

图5-8

图5-9

图5-10

图5-11

图5-12

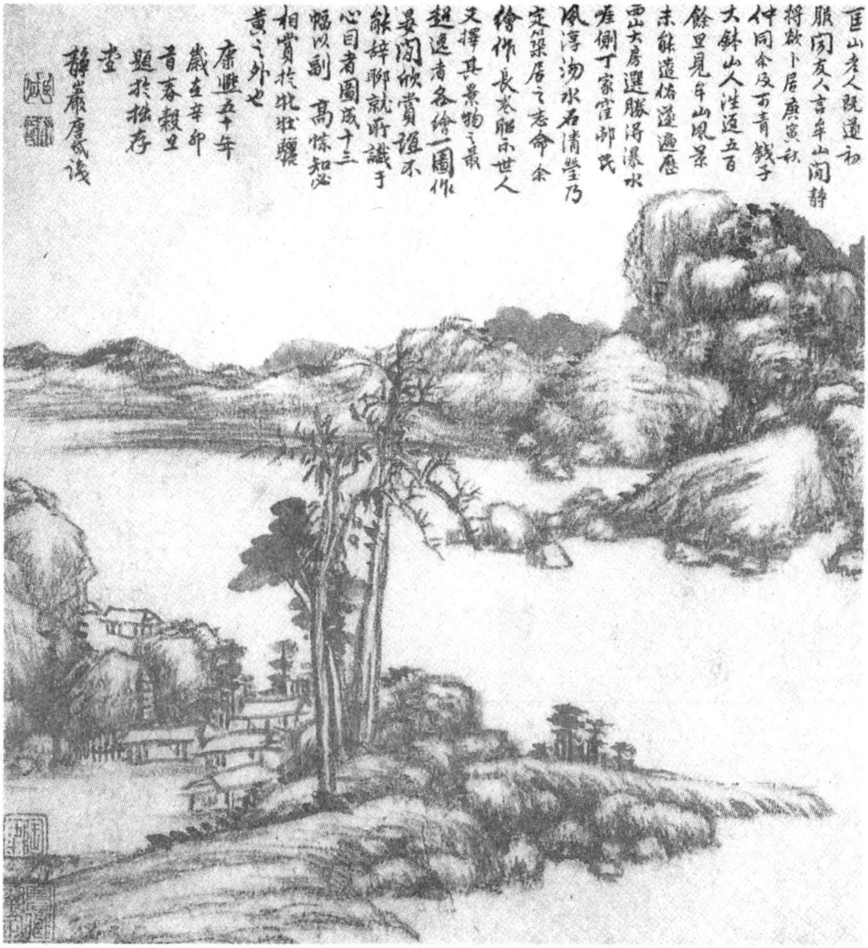

图5-13

图5 《大房选胜图》

图6 《古寺溪泉图》

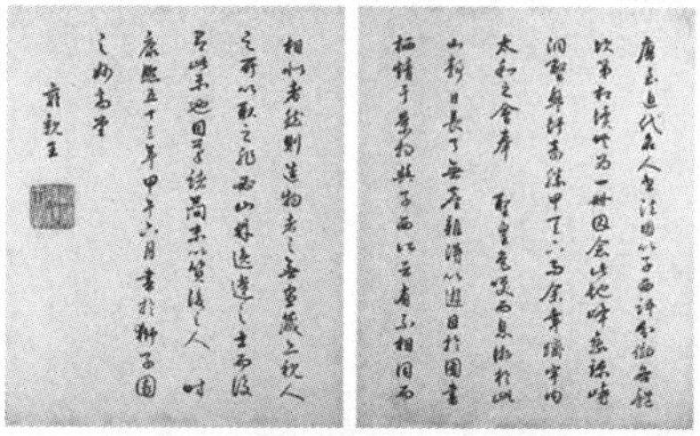

图7 《闲居高行》册页

图8 《深树茅堂》

图9 《万松金阙图》

图10 《仿北苑山水》

图11《溪流曲尽图》

图12　为会川作《归隐图》

图13 《拟元人山水》册页

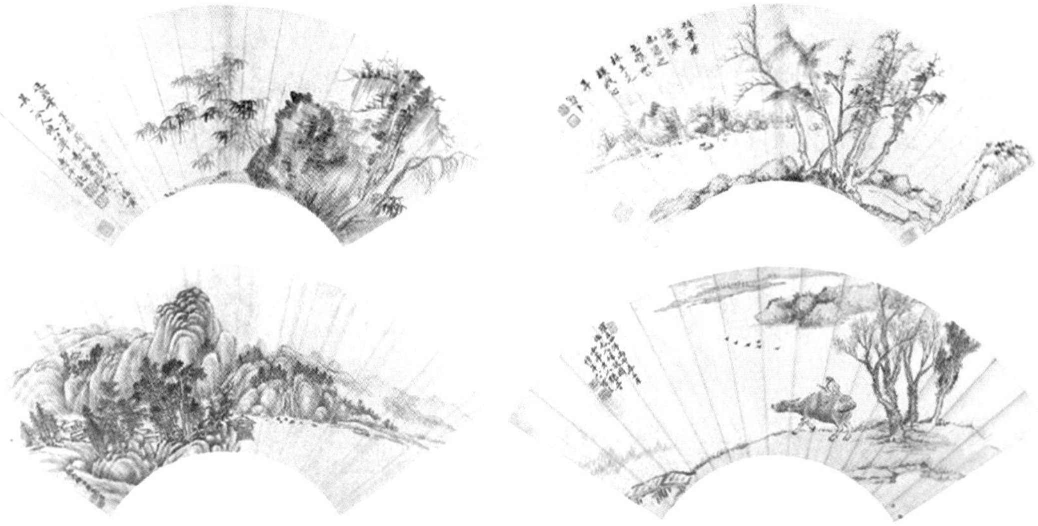

图14 与恽寿平、杨晋合作名家合璧（四幅）扇面

图15 《重峦叠翠图》

图16 《秋山松云图》

图17 《海岳云山图》

图18 《川谷杳冥图》

图19 雍正八年作《仿大痴山水》

图20《山水册页》

图21 雍正九年作《仿大痴山水》

图24 与郎世宁合作《松寿鹤灵》

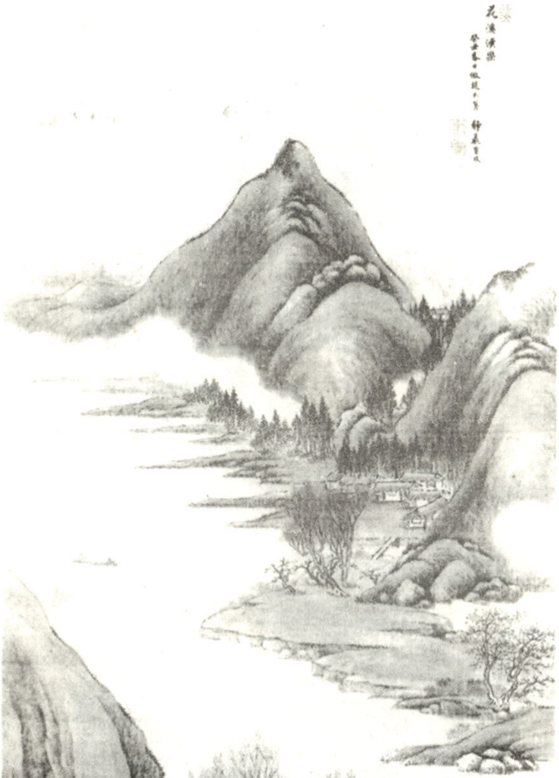

图25《花溪娱乐图》

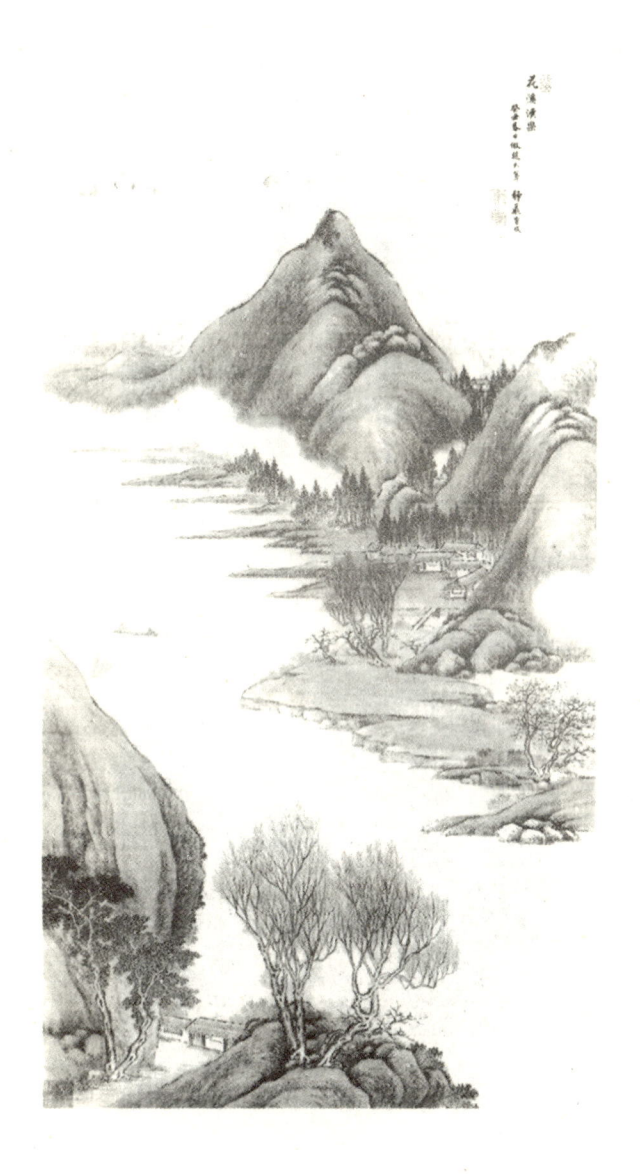

图28《千山落照图》

图29-1

图29-2

图29-3

图29-4

图29-5

春湖涵碧

碧水�平湖空明
一鏡鋪瓊眉宇可鑒
蒼蘆杳然無點染
浮青荇雙之下白鳬
春風況沂水視此
意何殊

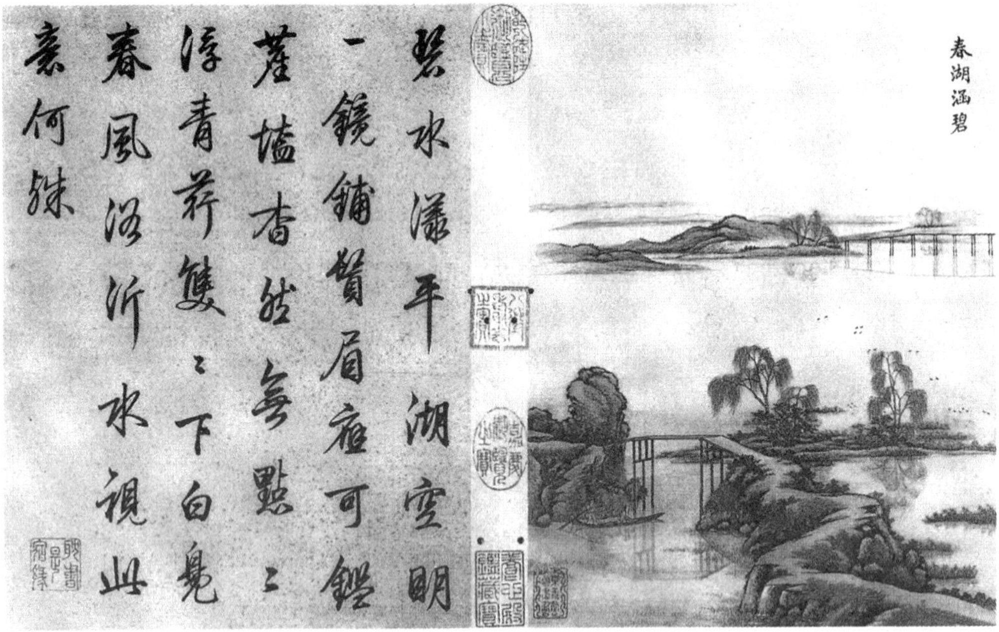

图29-6

敲火鳥卿爇烹雲
玉液清龍團曾未點
魚目已揉生漫說
腸堪潤應知眼倦
明牎檴成小啜孤鶴
一敕鳴

石铫烹雲

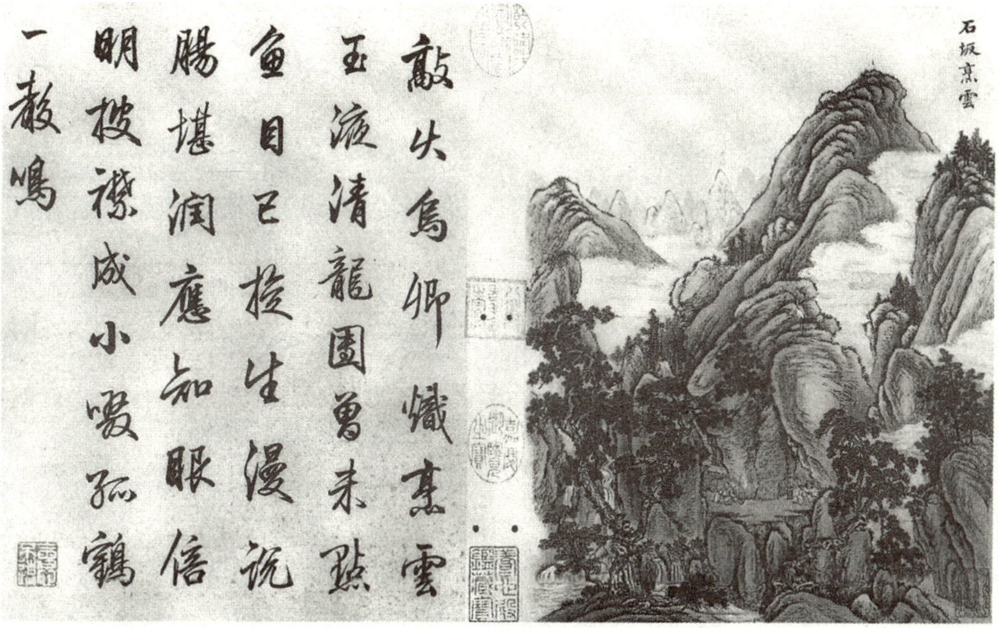

图29-7

图29-8

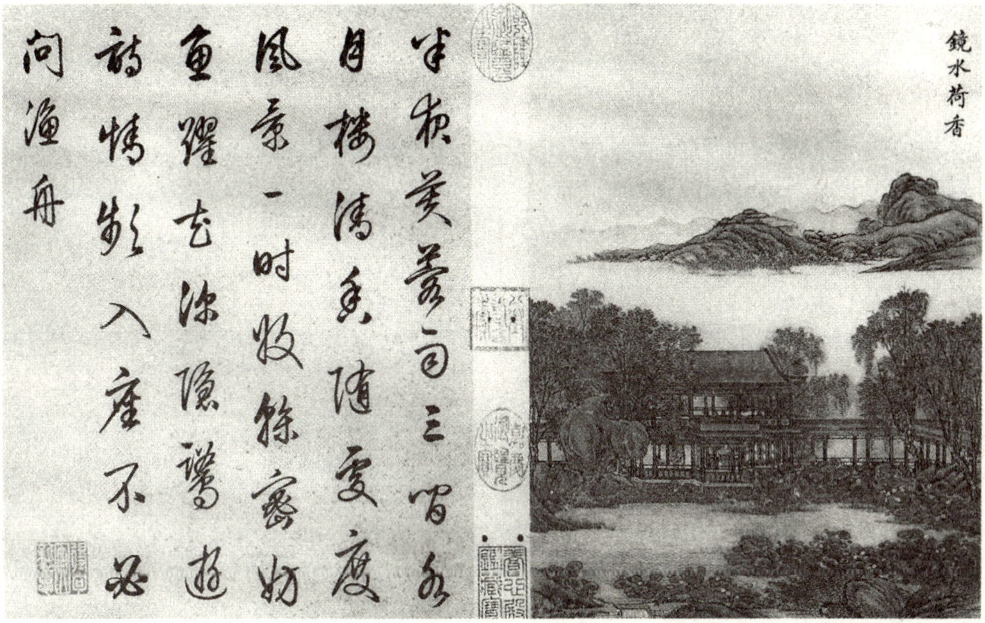

图29-9

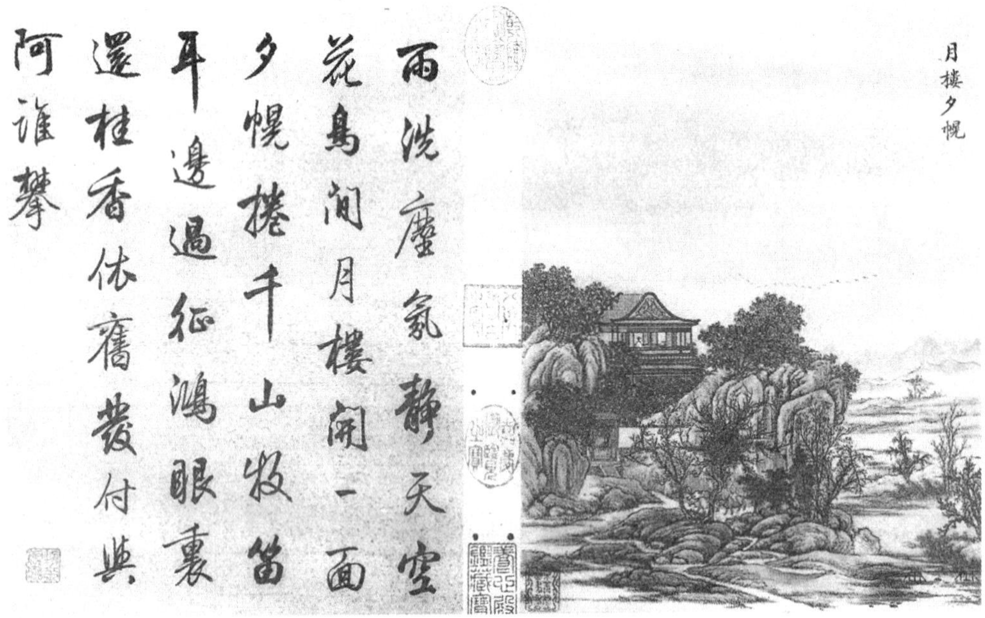

图29-10

图29-11

图29-12

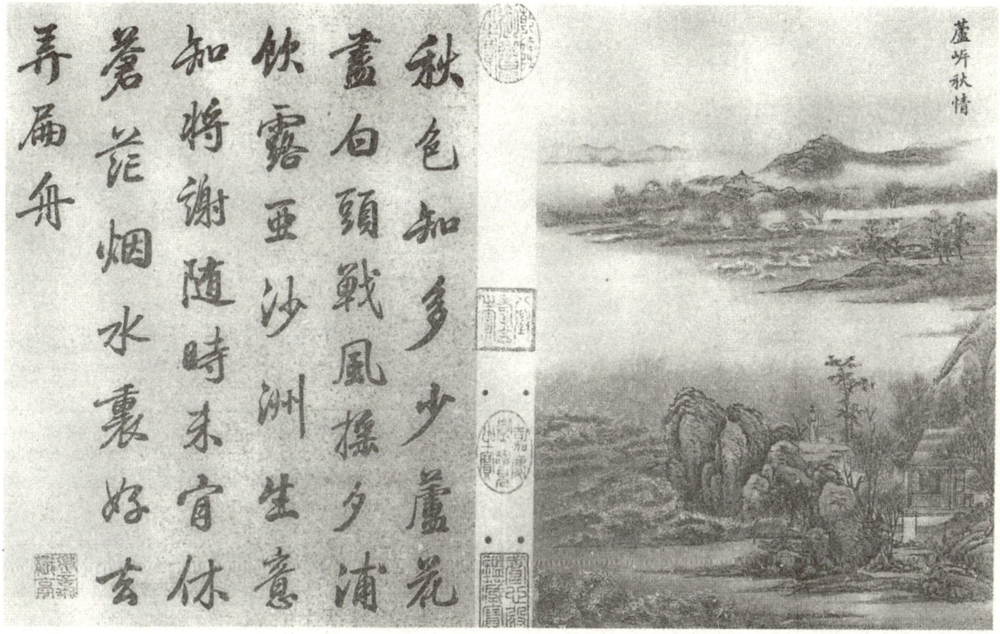

图29-13

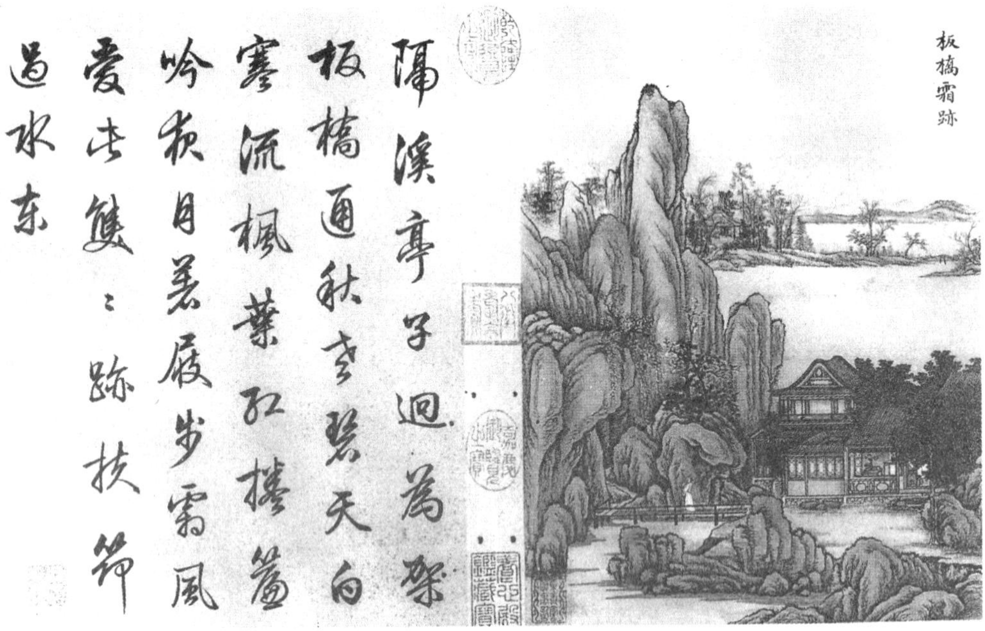

图29-14

图29-15

图29 《小园闲咏图》册页

图30《秋林读易图》

图31 《仿关仝秋清图》

图32　乾隆四年作《山水》手卷

图33 《山影钟声》

图34 乾隆五年作《仿大痴山水》

图35 《晴峦春霭图》

图36 《松风泉瀑》

图37 《唐岱摹李成雪景山水》

图38 《仿范宽山水》

图39 《仿倪瓒清閟阁图》

图42 《仿李唐寒谷先春》

图43 与孙祜、沈源、丁观鹏、王幼学、周鲲、吴桂等合笔《新丰图》

图46 《层峦烟霭图》

图47 《仿王蒙山水》

图48《晴岚浮翠》

图49《云气松声图》

图50《寒谷回春图》

图51 《富春山居图》

图52《碧水清阴》

图53《富春大岭图》

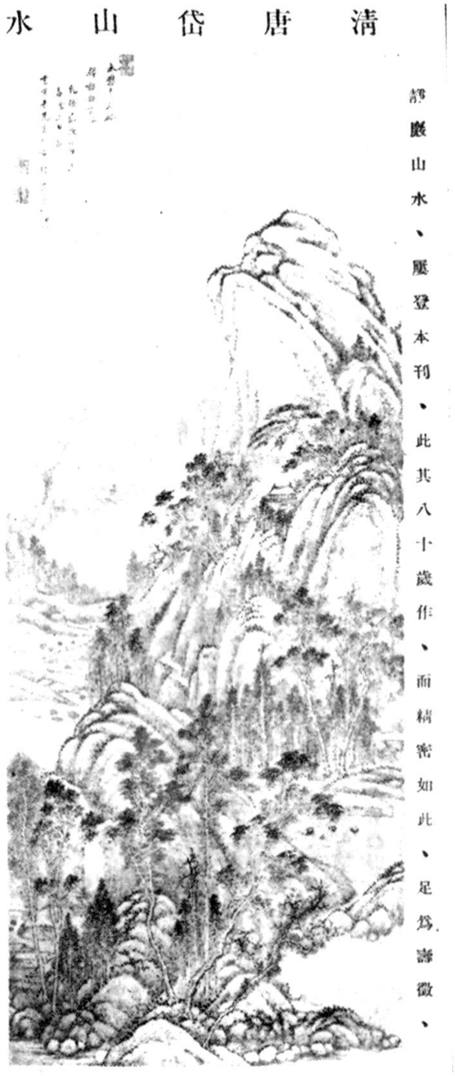
清唐岱山水
靜巖山水、屢登本刊、此其八十歲作、而精密如此、足爲壽徵、

图54 《青山白云图》

图55 《刘长卿诗意图》

图56　山水扇面 设色泥金

图57 《霍山天柱峰》

图58 《高士策杖图》

图59 《风雨归舟图》

图60 《仿赵孟頫笔意》

图61 《夏山高逸图》

图62 《仿范宽秋山瀑布》

图63 清唐岱孙祜等绘《庆丰图》

图64　四时山水 册页（八开）

图65 《拟一峰老人笔意》

图66《高山积雪图》

图67 《松风古寺》

图68　与沈源合笔《豳风图》

图69 《杏花春雨江南图》

图70 《仿吴镇画山水》

图71 《梅竹双清图》

图72 《石湖烟水》

■读图

枫林觅句图

清·唐 岱

唐岱（1673—？）字毓东，号静岩、知生等，满洲正白旗人，官至内务府总管。这幅山水画用笔圆润，山石突兀，枫林疏疏，中有一老者拄杖闲行，如在寻诗觅句。其作品风格沉稳深厚，被康熙赐名为“画状元”。

图73 《枫林觅句图》

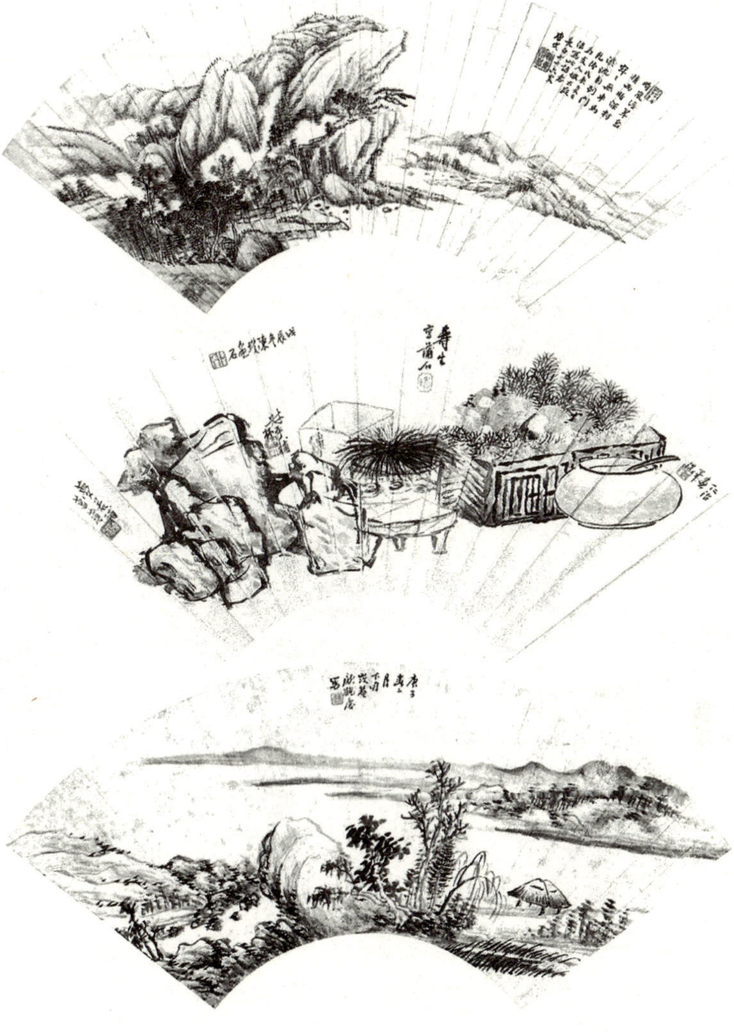

图74　唐岱、陈璞、顾鹤庆 山水 岁兆图山水 扇面

图75　圆明园四十景图（四十册页之一正大光明）

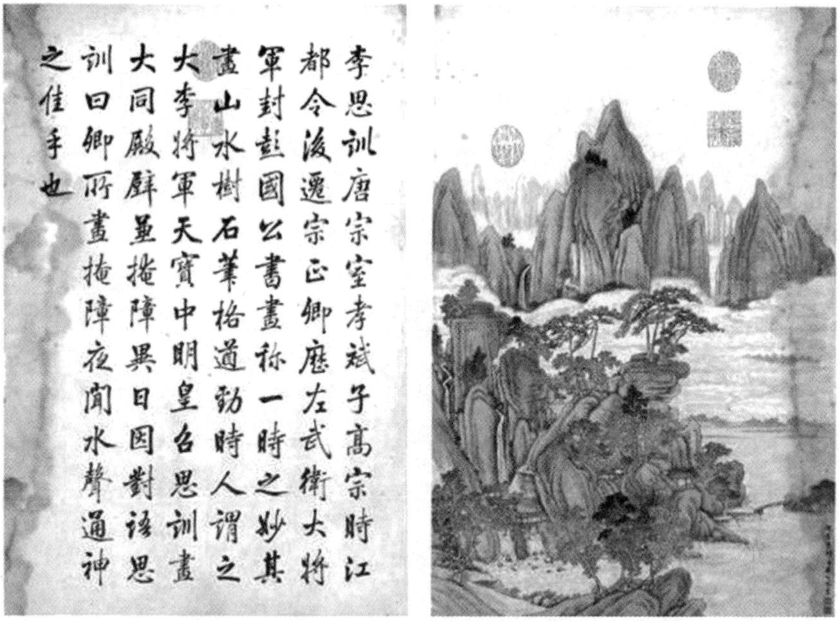

图76　墨妙珠林（二十四册页之一仿李思训山水）

图77-1 《岱字毓东》

图77-2 《到处因循缘嗜酒》

图77-3 《静嵓唐岱》

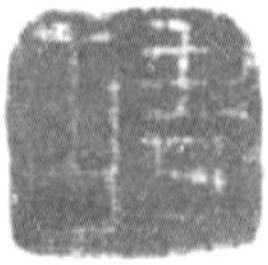

图77-4 《考古》

图77-5 《乐安和》

图77-6 《唐》《岱》

图77-7 《图书养性》

图77-8 《心远》

图77-9 《御赐画状元》

图77-10 《毓东名岱》

图77 唐岱之印鉴

图78 弟子陈善《奇峰高寺》

图79−1

图79-2

图79-3

图79-4

图79-5

图79-6

图79-7

图79-8

图79-9

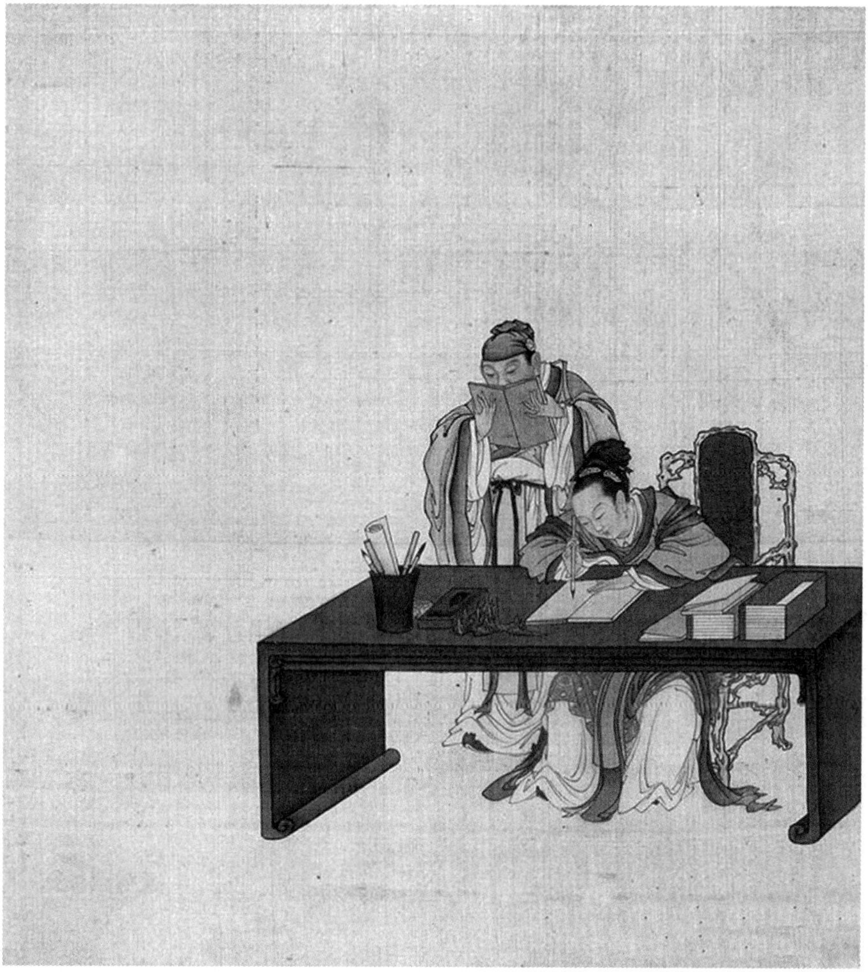

图79-10

图79-11

图79—12

图79　弟子陈善等《群仙献寿》（局部）

图80 弟子张雨森《秋林曳杖图》

图81 《鱼藻图》

图82 《万山堆秀图》

图83 唐岱、丁观鹏《十二月令图》局部

图84 《白云红树图》

图85 《秋山图》

图86-1 芝仙书屋图

图86-2　芝仙书屋图唐岱绘部分

后　记

在中国古代绘画的历史长河中，名家众多，流派纷呈。明清以来的中国绘画艺术受到其特定的历史背景影响，在政治、经济、思想、文化等多重因素作用下，出现了前所未有的艺术特征：卷轴画延续元明传统、文人画风行、山水画博兴、水墨写意盛行，致使清代画坛迎来了蓬勃生机。各家在绘画题材、思想情趣、笔墨技法等方面各自传承创新，形成了不同的艺术追求和风格流派。文人画在这一时期表现为崇古与创新并行的特点；民间绘画则以年画和版画的成就最高。发展至清代中前期，国家统一，社会安定繁荣，人民富足，安居乐业，在绘画方面也是一派兴隆。此时的京城宫廷，随着国家政治的统一、政权的巩固，清代皇帝出于多种需求，于宫廷内设立了如意馆等专门的绘画机构，用以网罗安置专业画师为皇家作画；出于统治需要，以各种方式笼络大量文人画家，供奉皇家内廷；同时还利用入职“南书房”的形式将内阁中画学造诣较高的学士、朝臣纳入其中。这就从客观上促成了清代宫廷绘画的兴盛和清代宫廷画派这一独特群体的形成，并随着“康熙、雍正、乾隆”三朝走向顶峰，涌现出了一大批足以称道品评的画家。可以说，清代宫廷绘画和清代宫廷画家群体是古代中国绘画史上一个重要的分支和研究的课题。

清代宫廷绘画，以唐岱为代表，行仿古之风，固然受到清代帝王文化观和价值取向的影响，更重要的是受到“正统山水”——“南宗”山水的主导。以崇古为主流和根本的清代山水画，发展至“清初六家”——王时敏、王鉴、王翚、王原祁、吴历、恽寿平，可以说达到顶峰。“清初六家”继明代董其昌之后，恢复古风，领导画坛，当时被视为山水画之“正统”。本书所要研究的清代宫廷画家唐岱就是清代山水画众多名家中的佼佼者。

唐岱作为王原祁弟子，又与其师先后供奉内廷，历经康熙、雍正、乾隆三朝，与著名西洋画师郎世宁有过众多合作和借鉴，其作品深受三代帝王推崇。唐岱作为宫廷画家的代表人物，遵循古法，卓有成绩。可以说，唐岱的作品代表了清代“正统”山水画的一脉，并且是宫廷绘画和宫廷画师这个特殊群体的缩影，代表了清代宫廷画家的最高水准。

康熙以后，西画风格影响了帝王的喜好。乾隆时期，合笔画风正盛，力求将翰林画家的庙堂之气及其笔墨传统与“画画人”那里精雕细琢的楼台界画和细腻画风，再与传教士逼真的肖像和动物画中的科学写实精神结合在一起。唐岱就是在这样的环境下，将“正统”山水做到韬光养晦，使中国“正统山水”思想得到继承与发扬。唐岱对古人画风的追随，给今天的中国传统山水画，乃至于其他传统文化的继承提供参考。唐岱对山水画教育理论有自己独到的见解和心得，通过仿古来表明自己对宋元绘画的理解，这给中国美术美育思想提供了范本。了解唐岱的艺术成就与思想成就，有助于我们重新理解清代绘画的发展，有助于我们更真实地看待清代宫廷绘画，也有助于我们把握“正统山水”发展的脉络和走向。清代宫廷绘画艺术及众多优秀画家也为今天中国现当代国画艺术的发展和教育提供了难能可贵的范本。

从美学角度来说，中国古典绘画美学，其核心是为了让画家自己和看画的人成为画家所希望成为的那种人，从而使人的环境成为画家所希望成为的那种环境。因此，绘画美学必然要涉及绘画的社会功能问题，以及绘画如何才能具有这种功能的问题。唐岱作为宫廷画家，受到中国文化的熏陶，兼顾了满足统治者需要的艺术职责，其作品体现的是中华民族共有的，传统的，以儒为主，与道、释文化相交织的那种文化韵味。关于绘画的功能问题，唐岱主张画家以绘画创作来自我完成人格，自我充实内心，自我满足情趣，因此，认为绘画是“怡情养性”的途径，反对“用之图利”，这可以说是其美术理论中十分重要的价值了。

自嘉庆皇帝之后，清代宫廷绘画便日趋式微，走向后继无人的阶段。近代以来，战乱频仍，宫廷画家又是一个较特殊和易被忽视的群体，以唐岱为代表的一大批清代宫廷画家及其画作湮没于乱世之中。史学界对唐岱的生平、作品及凝聚了其美育精髓的画论著作《绘事发微》，缺乏翔实的专著来予以考证和分析。本书力图以绵薄之力将唐岱这一清代宫廷绘画的核心人物的相关信息进行挖掘、整理，并通过其作品分析和其画论解读对唐岱的美育思想进行梳理和理解，使其艺术成就和美术教育思想能够流传下来，启发广大艺术工作者的思考，为中国特色社会主义文化艺术事业的繁荣贡献一份微薄的力量。

通过对唐岱的研究和调查，虽然对其生平事略的部分信息尚未完整搜集到，但这一课题的研究过程，为研究清代宫廷绘画，特别是对于唐岱其人其画以及绘画思想的研究，是一个良好的开端，对于其他相关课题的研究者也将提供有力的借鉴。在形成此书的过程中，我越发感觉唐岱在中国美术史上是不可或缺的人物。作为清代宫廷画家的唐岱在当今美术史上的地位认同是存在缺失的，对其绘画艺术和美术教育思想的漠然与埋没亦是一种欠缺，本书所做的就是把它们挖掘出来，为中国美术史补上这重要的一笔。唐岱在中国绘画史上的地位是绝对值得肯定的，也是中国传统美术教育思想的重要贡献者。

本书的撰写以大量的文史材料为依据，通过深入查阅中国第一历史档案馆、国家博物馆和国家图书馆的相关资料、图书和作品，收集了大量第一手资料，对唐岱宫廷“画画人”的身份、出身、背景、职业生涯等基本信息考察翔实，以史料为准，撰写小传，尽力还原唐岱作为宫廷画师的真实形象；经过作者搜集发现，唐岱的绘画作品存世量相对较多，而且历经康熙、雍正、乾隆三朝，时间跨度大，合作众多。但在本书之前，基本没有相关的专著对唐岱的艺术年鉴和作品信息进行过相应的整理工作，这不得不说是一个重要的需要填补的空白。本书正是针对这一问题对其作品进行系统地归纳和梳理。本书以乾隆皇帝所编《石渠宝笈》为基准，结合古籍、清史档案等资料的记载，将唐岱的绘画作品进行统计、分类、整理及评价，经过作者多方面搜集和整理，共收录唐岱的画作近百幅，极大地丰富和完善了对唐岱研究的史料基础。

唐岱不但画艺精深，而且精通画理，其将平生所学及绘画感悟铸成影响后世的绘画理论性著作《绘事发微》，极大丰富了中国古代绘画的理论基础及古典美育教育的思想脉络，留给后世丰富的精神财富。本书通过对唐岱生平的探寻和其作品的整理、分析来理解其绘画理论《绘事发微》的精髓，理解唐岱的艺术人生。以唐岱的绘画生涯为范本从侧面了解清代宫廷画家群体及清代宫廷绘画的轮廓和价值。综上所述，本书的价值在于对清代“正统”山水画的内涵和发展走向有所把握，对唐岱其人其画有所理解；对其绘画论著《绘事发微》的精髓有所获得。力求还原一个真实、立体的宫廷画师的形象，展示清代宫廷画家群体在绘画技法和绘画理论的成就。

当然，还有众多未被挖掘和研究的清代宫廷画家等待我们去仔细梳理。比如人物画家——顾贝龙、冷枚、焦秉贞、陈枚、丁观鹏、金廷标、华冠、周鲲、沈振麟；花鸟画家——杨大章、邹一桂、蒋廷锡、周安节、余省、张若霭、徐扬、李秉德、阮玉芬、缪嘉惠等；山水画家——王敬铭、张宗苍、钱维城、董邦达、陈善、孙祜、袁瑛、方琮、冯宁等；西洋画师有著名的郎世宁和艾启蒙，此外，还有众多不知名，但颇有造诣的“画画人”。从某种意义上来说，清代宫廷画家群像还未真正完全展现于世人面前。相信随着清宫档案的不断整理和对外开放，随着官方乃至民间研究的不断深入，这些在中国绘画历史中不可或缺的星辰会一一清晰起来，从而为中国

后　记

的美术艺术发展做出更加不可估量的贡献。

本书从选题到完成，得到了恩师王振德先生的悉心指导。由于王老的引导和帮助，使我认识到对中国传统山水画的理解和把握的重要性，从而对清代宫廷绘画产生了兴趣。王老严谨认真的治学态度，重视对历史材料的搜集、整理和分析，使我致力于对原始材料的基础性研究的同时，发挥自身的认知潜力和独立思考的能力，尤其是我有了一些新的想法时，他给予支持并鼓励我进行大胆而深入的研究，提高了理论思维能力，受益匪浅，在这里表示衷心的感谢。

曲　宁

2019年1月于天津美术学院

参考文献

[1]香港中文大学文物馆/中国第一历史档案馆.清宫内务府造办处档案总汇[M].北京：人民出版社，2005.

[2]中国第一历史档案馆.康熙起居注[M].北京：中华书局，1984.

[3]中国第一历史档案馆.乾隆皇帝起居注[M].桂林：广西师范大学出版社，2002.

[4]中国第一历史档案馆.清宫御档[M].杭州：浙江富阳华宝斋古籍书社，2001.

[5]秦经国.中国第一历史档案馆馆藏清代官员履历档全编[M].上海：华东师范大学出版社，1997.

[6]故宫博物院.钦定总管内务府现行则例二种[M].海口：海南出版社，2000.

[7]故宫博物院文献馆.文献馆现存清代实录总目[M].北京：故宫印刷所，1934.

[8]周家楣、缪荃孙等编纂.顺天府志[M].北京：北京古籍出版社，1987.

[9]（民国）金梁.盛京故宫书画录[M].上海：上海辞书出版社，2012.

[10]（清）黄本骥.历代职官表[M].上海：上海古籍出版社，2005.

[11]钱实甫.清代职官年表[M].北京：中华书局，2005.

[12]（清）官修.清太宗实录[M].影印本.台湾：华文书局，1985.

[115]冉琰.清前期宫廷绘画机构及画家[D].北京：中央民族大学历史系，2006.

[116]巩剑.清代宫廷画家丁观鹏的仿古绘画及其原因[D].北京：中央美术学人文学院，2008.

[117]刘菁.康雍乾时期的绘画新体及其观念根源[D].北京：中国艺术研究院，2008.